Leonard Heffels
Urtypisch!

Leonard Heffels studierte Kunst in Maastricht und Pädagogik in Amsterdam. In seinem literarischen Werk setzt er sich immer wieder mit biblischen Themen auseinander. Dabei bewegt er sich im Grenzbereich zwischen Lyrik und Prosa. Immer wieder spürt er dem Urtypischen in den archaischen biblischen Gestalten nach. Bei TWENTYSIX erschienen die Novellen „Marthas Geschick" und „Hiobs Freunde" sowie die epische Dichtung „Wer mit Gott geht", ferner der historische Roman „Daniels Vermächtnis". Leonard Heffels lebt mit seiner Frau in München.

Leonard Heffels

Urtypisch!

Das Seeleneinmaleins

70 Sonette

10 Dialoge

TWENTYSIX – Der Self-Publishing-Verlag
Eine Kooperation zwischen der Verlagsgruppe Random House und
BoD – Books on Demand

© 2016 Heffels, Leonard

Herstellung und Verlag:
BoD – Books on Demand, Norderstedt.

ISBN: 9783740714581

Zu dieser Ausgabe

Die ersten 49 Sonette dieses Bandes sind im Frühjahr 2012 ziemlich spontan entstanden. Ausgerechnet nachdem ich mir bei einem Sturz die Schreibhand gebrochen hatte, sprudelten die Verse nur so heraus. Ich schrieb wochenlang fast täglich ein Sonett. Die Sammlung erschien im späten Herbst desselben Jahres unter dem Titel *Die Seele in Sonetten – 49 Lehrgedichte* im Berliner sine causa Verlag. Varda Hasselmann erklärte sich freundlicherweise bereit ein Vorwort dazu zu schreiben.

Diese Sonette sind das Ergebnis der Auseinandersetzung mit einer Typenlehre, die unter der Bezeichnung „Archetypen der Seele" bekannt geworden ist. Hier ist nicht der Ort näher darauf einzugehen. Stattdessen verweise ich auf die im Folgenden aufgeführte Literatur. Es ist meines Erachtens nicht erforderlich mit dieser Typenlehre vertraut zu sein, um die Sonette verstehen oder gar genießen zu können. Vielleicht vermag die Lyrik allerdings den einen oder anderen Leser zu der sehr differenzierten Beschreibung seelischer Archetypen hinzuführen.

Kurz nach der Erscheinung der *Seele in Sonetten* besuchte ich in Wien ein Seminar zum Thema „Angstarchetypen". Schon im Vorfeld dieses Seminars schrieb ich neue Gedichte. Die Muse meinte es gut mit mir und es entstand eine weitere Sammlung urtypischer Sonette sowie eine Reihe von Dialogen in Versform. Im Spätsommer 2013 erschien dieses Werk unter dem Titel *Furcht in Versen* ebenfalls im sine causa Verlag.

Es war schon länger mein Wunsch die beiden Bändchen in einem Buch zusammenzufassen. Es freut mich sehr, dass die komplette Sammlung jetzt im TWENTYSIX Verlag erscheint. Für diese Ausgabe habe ich alle Texte grundlegend überarbeitet, so dass kaum ein Sonett unverändert geblieben ist. Dabei waren mir Eleganz und Genauigkeit die obersten Prinzipien – zwei Richtschnüre, die keineswegs immer in die gleiche Richtung verlaufen.

München, im Sommer 2016
Leonard Heffels

49 Urtypen der Seele

Nach *Archetypen der Seele*
von Varda Hasselmann und Frank Schmolke

Vorwort

Die Seele des Menschen zu beschreiben scheint unmöglich, gilt sie doch als nebulös, jenseitig oder nicht existent. Die großen Kirchen haben stillschweigend Abschied vom Seelenbegriff genommen. Unser Buch *Archetypen der Seele*, 1993 zuerst veröffentlicht, füllt seither ein Vakuum. Hunderttausende Leser erkennen unverhofft starke Resonanzen auf Empfindungen, die sie zuvor unverständlich und unverstanden glaubten. Sie erinnern sich an vergangene Leben. Sie sind überzeugt davon, dass es außer Körper, Geist und Psyche noch einen vierten Aspekt gibt, der ihr Dasein ausmacht – die unvergängliche Seele. Sie empfinden süße und quälende Sehnsucht. Dennoch zweifeln sie an ihren Wahrnehmungen, denn unsere wissenschaftsorientierte Epoche bietet ihnen kaum geistigen Rückhalt. Die *Archetypen der Seele* gelten daher als Geheimtipp. Alle Texte dieses Buches sagen angeblich Unsagbares; doch sie schaffen innere Gewissheiten.

Eine sich daraus entfaltende umfassende Seelenlehre, in mehreren Bänden zugänglich*, bietet mental und emotional überzeugende Strukturen an, die bislang Nebulöses präzise beschreiben und nachvollziehbar machen. Die Textübermittlung geschah stets über mediale Inspiration. Dass es Medialität überhaupt gibt, glauben viele Menschen ebenso wenig wie die Vorstellung, ein göttlicher Funke könne sie beleben und eine transzendente Instanz sie begleiten. Wirklichkeit und Wirkung einer medialen Übermittlung vermögen dennoch Fenster zu öffnen für jene, die Neues schauen wollen.

Die neunundvierzig Archetypen der Seele haben bereits mehrere Musiker und Dichter inspiriert. Eine Dissertation und eine Magisterarbeit sind entstanden. Das Buch ist in zahlreiche Sprachen übersetzt. 2015 wird eine auf den Archetypen basierende Oper in Wien uraufgeführt, komponiert von Roman Pawollek.

Nun überrascht Leonard Heffels mit neunundvierzig kunstvollen Sonetten, Lehrgedichte genannt. Er hat damit nicht nur eine willkommene poetische Ergänzung zu einem bekannten Lehrbuch verfasst, sondern vor allem ein literarisches Werk von Rang und bleibendem Wert. Mühelose Mühe von Sprachgestaltung wird hier erfahrbar. In historisch bedeutender klassischer Form mit dem formalen Zwang zur Konzentration auf das Wesentliche ist es dem Dichter gelungen brillante Versionen der seelischen Archetypen in eindrückliche Worte zu fassen. Sie schaffen Essenz wie ein *double consommé* der feinen Küche und reduzieren auf prägnante Kürze, was einen Archetypus ausmacht.

Auf solche Weise bieten Leonard Heffels' Gedichte sinnliche Genüsse für jeden, der Lyrik kennt und schätzt. Wir erfreuen uns an der dichten Bildlichkeit seiner Verse. Wir spüren beim Lesen, wie der Dichter sich vertrauensvoll im Strom seiner Inspiration treiben lässt und doch niemals die Ufer aus den Augen verliert – Sicherheit verheißend durch die lyrische Strenge des Versmaßes. Wir erfrischen unsere Seelenkräfte am Widerhall von Aussagen und Rhythmen und lassen jedes einzelne der neunundvierzig sprachgewaltigen Archetypen-Sonette auf der Zunge zergehen wie ein köstliches Praliné aus Worten, gefüllt mit Sinn und Bedeutung, gewürzt mit dem Esprit der jeweils letzten Zeilen.

Dir, Leonard Heffels, sei Dank von ganzem Herzen.

München, im Dezember 2012
Dr. Varda B. Hasselmann

* *Archetypen der Seele, Welten der Seele, Weisheit der Seele, Die Seelenfamilie, Wege der Seele, Seelen-Elixiere, Die Seele der Papaya, Falsche Tugenden* – sämtlich erschienen im Goldmann Verlag.

1 x 7 = Alles in Einem

Die Seelenessenzen

Der Heiler

Er fühlt, was fehlt zum Ganzen jedem Teil
und denkt an andre, ehe die sich dachten.
In jeder Not wird er zu helfen trachten
und schweigend stützen, wird ein Weg zu steil.
Er reicht, wer sinkt, zur Rettung flugs ein Seil
und hilft zu schlagen schwere Alltagsschlachten.
Fürwahr: Er leistet viel, man muss ihn achten:
Was wund ist und verletzt, er macht es heil.

Wer derart hilft, der bleibt nicht selbst zurück,
er mag die Lahmen noch so lange stützen.
Sein Dienst gerät ihm nie zur Zeitverschwendung,
erlangt er damit schneller doch Vollendung.
Nur er kann heilend seiner Heilung nützen,
in Demut finden solch ein frühes Glück.

Der Künstler

Wohin du schaust, es gibt nur mehr vom Gleichen.

Es treibt mich deshalb Schöpferdrang zur Hast.

Was überrascht, ich such' es ohne Rast.

Gewohnte Pfade, davon will ich weichen

und sei's auf alte Farbe neue streichen.

Sogar ein altes Bild, das mir noch passt,

ich hätt' es gerne anders eingefasst.

Was keiner je geformt, ich will's erreichen.

So will die Künstlerseele oft zu viel

und sucht vergebens gar nach Ruhm in Hallen.

Ihr macht der Blick auf ihre Hände Mut.

Er zeigt die Chance der Dinge, die sie tut.

Dann kann ihr auch ein kleiner Akt gefallen.

Behält sie Freude, bleibt ihr Werk ein Spiel.

Der Krieger

Er strotzt vor Kampfeslust und sucht nach Kriegen.

Zu Taten drängt es ihn, er spürt die Kraft.

Er will als Kämpfer, stolz und ehrenhaft,

nicht bloß die Kräfte messen, sondern siegen.

Er kennt die Pflichten, welche ihm obliegen,

mit denen er den Geist im Kampfe strafft,

und muss, zum letzten Ringen aufgerafft,

am Ende nur sich selbst noch unterliegen.

Den Einzelkämpfer gilt es zu bezwingen.

Das Kollektiv verschafft ihm neue Würde.

Gemeinsam ist zu tragen nun die Bürde,

mit Worten sind zu kreuzen bloß die Klingen.

Erwägen soll er, welcher Streit sich lohnt,

denn besser blieb' so mancher Feind verschont.

Der Gelehrte

Schauen, prüfen, sammeln will er allerhand
von Erfahrung dann bedächtig abstrahieren,
schließlich emsig forschend Wissen destillieren
und vermehren so der Menschheit Kenntnisstand.
Wissbegierig auch dem andern zugewandt,
kann er ihn vor lauter Lernen gar verlieren.
Möcht' er bloß am andern ein Objekt studieren,
bleibt sein Wissen starr, das Wesen unerkannt.

Hüter alter Lehren, Brücke zwischen Zeiten,
schafft er aber anders Kontinuität:
Geisteserbe fördert er getreu ans Licht,
wiegt des Unscheinbaren Sinngewicht.
Löst er's Rätsel, weiß er, wie es uns berät.
Ihm ist klar: Was war, wird immer uns begleiten.

Der Weise

Geschickt nutzt er, was andre schon gedacht,

wird rasch zum Theorienübersetzer,

und gerne auch zum Wort- und Bildvernetzer,

der aus fremden Teilen kühn ein Ganzes macht.

Wenn keiner den Beweis dafür erbracht,

so wird er ignorant, ein Faktenketzer.

Gelehrte schimpfen ihn dann gerne „Schwätzer".

Doch seine Wahrheit ist ein Gott, der lacht.

Mit Recht genannt wird er gleichwohl der „Weise".

Er schickt das Wissen nämlich auf die Reise.

Denn, was man weiß, für ihn gehört's gelebt,

wie Fäden ganz ins Weisheitstuch gewebt.

Das Neue braucht ein Wir mit Zwischenraum;

was *einer* fasst, ist höchstens was vom Saum.

Der Priester

Ihn hegt und speist das überirdisch Reine.

Die danach dürsten, gibt er Trost und Rat,

versenkt in ihre Seelen Lichtes Saat,

dass lichter ihnen auch das Höh're scheine.

Des Geistes Losung nennt er stets die Seine.

Er hebt die Hände und der Himmel naht.

Doch Wehe dem, der's nicht genau so tat!

Umsonst bekämpft er eifrig das Gemeine.

Fürs Höchste sind noch alle Sinne blind.

Wer könnte jemals glauben, es zu kennen?

Behauptet einer hier, er habe Recht,

erhebt sich über Knechte bloß ein Knecht.

Man mag sich zwar Gefäß der Gnade nennen,

Doch keiner hielt ihn je, des Geistes Wind.

Der König

Er hält sich aufrecht, Haltung zeigt Gehalt.
Und trägt er seine Macht entspannt natürlich,
verhält das Volk sich demgemäß gebührlich.
In Würde schreitet seine Lichtgestalt.
Droht Ohnmacht aber, greift er zu Gewalt
und feiert seine Hoheit zu ausführlich.
Dann herrscht der Herr nicht länger unwillkürlich,
wird vielmehr voller Argwohn grob und kalt.

Gerechte Herrscher tun uns weiter not.
Doch wem sei Führung ehrlich anvertraut?
Der Menschheit Haus wird Stein für Stein gebaut
und nur wer aufrecht lebt, der bringt's ins Lot.
In Freiheit folgen würden wohl die meisten.
Verfehlung können wir uns nicht mehr leisten.

2 x 7 = Alles entzweit

Die Urängste

Der Selbstverleugner

Enttäuschung will er unbedingt vermeiden.

Ihm fehlt deshalb zur Bühne Welt der Mut.

Er sieht sich schon bis weithin hörbar ausgebuht

und stapelt lieber tiefer, bleibt bescheiden,

Er traut sich nicht am Misserfolg zu leiden.

Im Hintergrund zu sein, das tut ihm gut.

Vor ihm sind keine Streber auf der Hut,

Erfolg und Ruhm – wer sollte sie ihm neiden?

Natürlich hat er Schönheit auch und Größe,

die muss er weder leugnen noch bewachen.

Nur braucht sein Wesen Lob, wie soll das gehn?

Er zeigt es nicht, doch jeder muss es sehn.

Besiegt er seine Angst indes mit Lachen,

er gäbe sich mitnichten eine Blöße.

Der Selbstsaboteur

Was steht, zerstör', es könnte bald sich neigen!
Was trägt, zerbrich', bevor's dich fallen lässt!
Geliebtes lass', noch eh es dich verlässt!
Mit solchen Sätzen will er allen zeigen:
Das Leben hier, es nennt mich nie sein Eigen
Wer nichts verlieren mag, der hält es fest?
Nein, nein, wer's hält, verliert den letzten Rest.
Kontrolle hat man nur, wo Freuden schweigen.

Er nimmt vorweg, was Zeit so lang verbirgt,
und übt beherzt, sich täglich neu zu trennen.
Er sichtet skeptisch das, was er bekommen.
Bei allem Glück, er weiß, ihm wird's genommen.
So hat er, um Zerstörung tief zu kennen,
des Lebens Freude auch noch mit verwirkt.

Der Märtyrer

Die Last, die dich beschwert, lass mich die tragen!
Ich bin ein Kämpfer und halt' mich selbst im Zaum.
Mein Opferschmerz ist mild, ich spür' ihn kaum.
Für dich kann ich noch jede Lust entsagen.
So spricht die Kriegerangst und will dir sagen:
Ich bin zwar nichts, doch brauche ich viel Raum.
Denn sichtlich still zu leiden ist mein Traum.
So schätze mich dafür, dass ich mich plage!

Dem andern freundlich Los und Leid zu lassen,
erst das erfordert wirklich Heldenmut.
Den Kummer schauen, nicht Partei ergreifen –
Nur dann kann Mitgefühl im Herzen reifen.
Ein Opfer ist der Liebe höchstes Gut;
wer Furcht im Herzen trägt, wird's nie erfassen.

Der Starrsinnige

Schutz und Wärme hat er früh bereits verloren,
suchte seitdem, was Vertrauen ihm verhieß,
schuf sich mit der Zeit im Innern ein Verlies,
schloss das Ungewisse aus mit festen Toren.
Seine Angst hat diese Starre selbst erkoren,
Viel zu launisch war, worauf das Leben stieß,
dass es ihm die Führung jemals überließ!
Häufig schien es nur noch gegen ihn verschworen.

Leben heißt Verlust, er hat es oft durchlitten.
Anfangs reich beschenkt, doch später ausgeraubt?
Trotzig hat er so was zu entgehn geglaubt.
Aber immer ist die Herrschaft ihm entglitten.
Ausgerechnet er hat eines wohl verstanden:
Was man nicht sich wandeln lässt, kommt uns abhanden.

Der Gierige

Wer bliebe, würde ihn kein Hunger binden,

im Leben, das uns so viel auferlegt?

Da jeder sich von satt zu satt bewegt,

lässt Haben Habenwollen nicht verschwinden.

Wer kann sich völlig diesem Zwang entwinden?

Doch wer in sich gefühlter Mangel pflegt,

verlangt nur, weil Verlangen ihn erregt,

und wird für seinen Durst kein Wasser finden.

Genau deshalb jedoch versteht er schneller

die Sehnsucht, die uns alle treibt.

Dem Sinn des Seelenwegs ist sie ein Bild.

Vorüber geht, womit die Welt sie stillt.

Er kostet viel und merkt, die Leere bleibt,

was wirklich nährt, das bietet keinen Teller.

Der Hochmütige

Ungewöhnlich ist er, warum sieht ihn keiner?

Wer sich Mühe gäbe, sähe seinen Glanz,

aber alle frönen ihrer Ignoranz.

Wusst' er's doch! Das Edle sehn, kann kein Gemeiner.

So erhöht er sich und macht die andern kleiner.

Schutz vor Nähe zwar gibt solche Arroganz,

doch sie mindert Liebe auch und mehrt Distanz

War er schon allein, er wurde noch alleiner.

Durchaus tragisch mutet dieses Leben an,

weil ihn das, was schützen soll, sogleich versehrt.

Wer sich etwas wünscht, es anderen verwehrt,

lernt schon bald, dass keiner ihm das geben kann.

Höchste Not jedoch lässt leichter mal sich wenden.

Sieht er, was die Angst ihn lehrt, sein Leid wird enden.

Der Ungeduldige

Ruhen will er nicht und nicht im Hier verweilen,

stetig fliehend vor dem Leben, vor dem Tod.

Fehlen ihm die Ziele, fällt er aus dem Lot,

sucht sich schleunigst selbst Befehle zu erteilen.

Sinnlos scheint ihm Muße, strebsam will er eilen,

stockt sein Fortschritt dennoch, fühlt er sich bedroht,

fühlt die Leere lasten und gerät in Not.

Gibt es Wege seine Unrast doch zu heilen?

Ja, es heilt der Weg, auf dem wir uns verlassen.

Folgt man seiner Spur, so kommt man nie zu spät.

Wer vertrauen lernt, wird nicht sein Los verpassen,

trägt er's doch in sich, egal wohin er geht.

Dort erst kann er sein, wo er sich selbst geduldet,

frei ist ihm die Stunde, der er nichts mehr schuldet.

3 x 7 = Alles gerichtet

Die Entwicklungsziele

Der Verzögerer

Langsam, ruhig schauend weilt er in der Zeit.

während alles hetzt, will er die Muße wagen.

Großer Vielfalt muss er Rechnung tragen,

sucht zu sehn das Ganze, macht sich weit.

Nah ist ihm, er fühlt es wohl, Vergangenheit,

spürt die Wahrheit alter Erdenlagen,

taucht ins Reich der Mythen, Feen, Sagen.

Nie versiegt ihr Strom, sie gibt ihm Urgeleit.

Doch ergreift ihn Angst, er fühlt sich schwach und klein

zieht sich wie in einer Höhle ganz zurück,

hofft im Schutz zu finden spätes Kindheitsglück.

Treuer soll er seinem sachten Wesen sein.

Nun, da viele blindlings auf den Fortschritt schwören,

braucht's auch solche, die den raschen Ablauf stören.

Der Ablehner

Egal, was ihm geschieht, er muss es sichten.

Gedanken, Taten – alles ist dabei.

Es gibt so vieles – nichts ist einerlei.

Nach *seiner* Wahrheit bloß darf er sich richten.

Es liegt ihm nichts daran uns beizupflichten.

Ein Nein erfordert Mut, es macht ihn frei,

ein Ja gelogen lastet schwer wie Blei.

Die Klarheit seiner Selbst, sie wird ihn lichten.

Indes er soll Verneinen, nicht Verheeren.

So sehr Verneinung fördert, Streit tut's nicht.

Ist hart das Wort, es wird den Sinn erschweren.

Das liebevolle klärt und hilft zum Licht.

Die Kunst verlangt, mit Umsicht abzulehnen,

denn Liebe ist, wonach sich alle sehnen.

Der Unterordner

Der Krieger weiß, ein Großes kann erstreben,
wer seine Kraft dem Größten unterstellt,
und dass mit ihm das Ganze steht und fällt.
Das heißt: Wer siegen will, muss sich ergeben.
Wie kann der Himmel je am Schicksal weben,
so lang sich ihm der Faden vorenthält?
Und steht der Weizen wogend auf dem Feld,
der Erde gab die Saat dafür ihr Leben.

Doch bringt ein solches Opfer kaum Gewinn,
wenn Furcht statt Neigung uns dazu bewegt.
Wer Mut hat, fürchtet nicht allein zu bleiben.
Ein Liebender lässt gern sich einverleiben
vom großen Plan, der ihm ans Herz gelegt.
Nicht auf etwa gibt er sich, sondern hin.

Der Stillsteher

Wenn Gedanken hektisch sich im Kreise drehn,
soll man mehr nicht tun, als einmal drüber schlafen.
Wahres Wachstum muss der Eile Lügen strafen;
frischer Teig bedarf nun mal der Ruh' zum Gehn.
Hat der Weltensegler Welt genug gesehn,
reift sie ihm zur Einsicht erst im stillen Hafen.
Wen zu oft die hohen Wellen wuchtig trafen,
bleibt nun ruhig schauend mal am Ufer stehn.

Leicht ist's nicht, der Zeiten Strömung anzuhalten.
Still im Wirbel stehn, das ist ein schwerer Stand.
Schließlich fängt der Wirbel an sich einzusenken.
Und zur Tiefe will ihn auch sein Wesen lenken.
Hält er an, gelingt's nicht immer elegant.
Tragisch, wie viel Kraft man braucht um abzuschalten.

Der Akzeptierer

Zu sehn und nichts zu wollen außer dem, –
Was solche Liebessicht an Frieden brächte!
Es gäbe zwar das Falsche und das Rechte,
nur wär's für ihn, den Seher, kein Problem.
Vom Ja erfreut, ist nichts ihm zu extrem
umfasst es doch das Schöne und das Schlechte,
und, wie sie sind, die Tage und die Nächte.
Ist gut, was ist, sind Leid und Freud genehm.

Bejaht er auch das Nein, das ihn bezwingt,
er weiß, in ihm ist mehr noch außer Güte.
Nicht nur das fremde Wohl hat er im Sinn,
denn seine Angst, er nimmt sie gleichfalls hin
und nimmt sie an, damit sie nicht mehr wüte,
und liebt die Stille, wo sie ihm gelingt.

Der Beschleuniger

Er muss voran, erfahren, lernen, reiben.
Die Zeit ist knapp, das Leben währt nicht lang.
Bewegt von Taten- gleich wie Leidensdrang,
will er sich ganz dem Lebenswerk verschreiben,
mit jedem Schritt sich Neues einverleiben.
Er fürchtet wenn, dann nur den Müßiggang,
kreiert daher zuweilen Strömungszwang,
wo andre still in sanften Wellen treiben.

Sein Weg wird eh ermüdend rastlos sein.
Ein volles Lernprogramm ist ihm beschieden.
Gewiss, gewiss: Die nächste Not kommt bald.
Dazu bedarf es weder Eile noch Gewalt.
Gelingt es ihm zu warten, unentschieden,
so leuchtet jeder Sinn ihm tiefer ein.

Der Herrschende

Herrscher, du musst wohl zuallererst erfahren,
sehn, woher dein königliches Wirken rührt.
Wenn du meinst Gefolgschaft ist, was dir gebührt,
werden viele sich dagegen strikt verwahren.
Macht verknüpft mit Willkür birgt gewiss Gefahren.
Schon zu sehn, dass einer wirklich besser führt –
ach, wie sehr es doch in dir die Missgunst schürt!
Panik reißt dich hin despotisch zu gebaren!

Schätze die, die wider deiner Herrschaft stehn.
Höre ihnen zu, sie wollen dich ermahnen.
Kritisch aber duldsam sollst du dich betrachten,
die, die dir gewogen, keineswegs entmachten.
Mit der Zeit wirst du es mehr als bloß erahnen,
dass Präsenz allein dein Werk zu tun vermag.

4 x 7 = Alles im Rahmen

Die Modi

Der Zurückhaltende

Dräng' mich nicht zur Eile, lass' mir Zeit zu hören,
welche Weisung mein Gefühl mir still erteilt!
Gerne lass' ich vor, wer lieber sich beeilt.
Mittendrin zu sein, das kann mich nicht betören.
Flöße meine Kraft, sie würde mich zerstören.
Aufgehalten bleibt sie sicher eingekeilt.
Nicht enthemmt zu sein, doch mich zu zügeln, heilt.
Ruhe nur kann Urgewalt in mir beschwören.

Grämen braucht sich nicht, wer sich zurückbehält.
Geist und Charme muss er nicht unentwegt versprühen,
auch kein Leben lang in Leidenschaft verglühen.
Mehr gibt er, wo er sich allen vorenthält.
Wenn sein Weg verlangt, sein Wesen abzudämpfen,
soll er's Glück drin sehn, das Wesen nicht bekämpfen.

Der Vorsichtige

Wer Vorsicht übt, der sieht, was ihn beschränkt.
Er weiß, der rasche Vorstoß wird sich rächen,
versucht nicht Pläne übers Knie zu brechen.
Für ihn ist klug, wer stets genau bedenkt,
wie sehr mit allem er zusammenhängt.
Er achtet seine, gleich wie fremde Schwächen,
misstraut, was Mut und Eile ihm versprechen.
und wird bedächtig, wo man ihn bedrängt.

Gewiss folgt jedes Leben einem Plan.
Der Weisheit dieses Weges darf er trauen
und was er bringt, direkt ins Auge schauen.
Wer glaubt, er hat's im Griff, gehört dem Wahn.
Man sieht sich vor und muss doch akzeptieren,
was göttlich vorgesehn, das wird passieren.

Der Ausdauernde

Geduldig führt er fort, was er begonnen,
der Formvollendung treuester Garant.
Egal, was er bezweckt, es hat Bestand.
In ihm ist Zeit zur Dauer fest geronnen.
Was ist, soll bleiben, wie er's lieb gewonnen.
Das Neue bleibt ihm feindlich unbekannt,
gewinnt die Angst in ihm die Oberhand.
Obsiegt die Liebe, handelt er besonnen.

Beharrt er aber, wo es darum geht,
sich selbst als Ziel, die Segel aufzufalten,
dann hilft ihm sture Kraft den Kurs zu halten
und nicht zu wanken, so der Wind sich dreht.
Denn vieles sucht uns bald schon abzulenken,
beschließt man, sich auf's Wesen zu beschränken.

Der Beobachter

Wo er steht und geht, andauernd muss er schauen,
überwachen, was um ihn herum passiert.
Jede Kleinigkeit wird peinlich registriert.
Vieles nimmt er auf, er kann es kaum verdauen.
Reize rauben ihm den Schlaf, ihm fehlt Vertrauen.
Weil er sich zu sehr auf's Prüfen konzentriert,
bleibt er hier und jetzt erstaunlich unsortiert.
Eindrucksvoll kann er sich seinen Weg verbauen.

Doch er fände einen Weg bei sich zu sein,
zöge er die Fühler öfter einmal ein.
Traute er es gar, den Argwohn abzulegen,
könnte er die Sicht in sich hinein verlegen.
Klarer sieht ein Seher, ist sein Blick gesenkt,
wie im Innern Welt mit ihm zusammenhängt.

Der Machtvolle

Macht besitzt er schon, er muss danach nicht streben.

Teil ist sie von ihm, er hat sie mitgebracht.

Nun jedoch tut not, dass er zu ihr erwacht:

Ihre Größe gilt es freudvoll zu erleben.

Um voran zu leuchten, ward sie ihm gegeben.

Alle sollen sehn, was frei und sicher macht

und in seinem Licht entfalten ihre Pracht.

Vorbild muss er sein, an Macht deshalb nicht kleben.

Ruht am Ende sie in ihm und er in ihr,

gerne werden viele seinem Ausdruck trauen,

dem sich fügen, dessen Wollen nicht belügt,

denn sie merken, hier ist keiner, der verfügt.

Jeder weiß, man braucht zu ihm nicht aufzuschauen:

Seine Stärke richtet alle auf zum Wir.

Der Leidenschaftliche

Wie Flammen, die ihr Umfeld rasch verheeren,
so reißt zuweilen er die größte Schar,
energisch eifernd wie ein Missionar,
zu hehren Zielen hin, die ihn verzehren.
Vom Glanz beseelt, verfällt er ins Belehren.
Zwar kennt er seiner Rede Brandgefahr,
das Wesen seiner Glut ist ihm nicht klar.
Drum fürchtet er und will mit Macht bekehren.

Gelänge ihm, sich einfach sein zu lassen,
von Bildern und Ideen inspiriert –
die schiere Fülle seiner Energie
entriss die Müden bald der Lethargie
und machte noch Verwirrte konzentriert.
Sein Dasein würde endlich zu ihm passen.

Der Aggressive

Drängend, stoßend wütet seine Sturmgestalt,
droht die Welt um sich wie Wälder auszulichten,
Bäume, die ihr Laub nicht beugen, hinzurichten.
Immer rasend scheut er keine Streitgewalt.
Fordernd zeigt er, was er will, er will es bald,
prescht voran um neuer Länder Sinn zu sichten.
Wohl ist denen, die ihr Trachten danach richten.
Wie ein Herrscher gibt er ihnen Ziel und Halt.

Ihm fällt's selber schwer zur Stoßkraft ja zu sagen,
liebevoll zu seiner forschen Art zu stehn.
Mutig stürmend will er neue Wege gehen,
muss jedoch des Stürmers Los allein ertragen.
Stößt er nämlich vor, sind viele gleich empört:
Seine Kraft erzeugt, beflügelt *und* zerstört.

5 x 7 = Alles in Allem

Die Mentalitäten

Der Stoiker

Das, was sich begibt, lässt er gegeben sein.
Nie ist er geneigt, sein Los zu hinterfragen,
akzeptiert Behagen gleich wie Unbehagen,
nimmt gelassen, wie sie kommen, Lust und Pein.
Wert hat jeder Spielverlauf, er greift nicht ein.
Was der Himmel so gewollt, soll er beklagen?
Bürden, die ihm auferlegt, er kann sie tragen,
fördert treu dem Ganzen und – geht nie allein.

Lange aber setzt er ängstlich seine Schritte,
könnte doch des bösen Schicksals Übermacht
jederzeit aus reiner Willkür ihn erdrücken.
Loses Weisung freilich kann ihn auch beglücken,
Langmut braucht er dazu, nichts kommt über Nacht.
Erst im Alter findet er zu seiner Mitte.

Der Skeptiker

Er zog in Zweifel, ließ nicht vieles gelten,
nur das, was ihm real vor Augen stand,
und sah, Gewissheit in der Täuschung fand,
wem Angst und Lust den Blick verstellten.
Vom Sinn verlassen schienen ihm die Welten
und trösten konnte keines Geistes Band.
Er forschte nach und hatte bald erkannt,
dass jemand Wahrheit wirklich *will*, ist selten.

Bezweifelt er nun dieses ebenso,
die Skepsis stellt sich damit selbst in Frage.
Doch ohne Maß wird sie ihm leicht zur Plage
und führt ihn listenreich ins Nirgendwo.
Gelingt es ihm Gewissheit nicht zu trauen,
er kann auf dieses Ungewisse bauen.

Der Zyniker

Kommt mir nicht mit euren Kinderillusionen!
Glauben könnt ihr gerne, mir ist das zu schlicht.
Hoffet, betet, nehmt die Götter in die Pflicht!
Und erleichtert's euch, es mag sogar sich lohnen.
Denn, was wirklich ist, wiegt schwer, ihr müsst euch schonen.
Trügt euch nur und taucht die Welt in rosa Licht!
Malt sie weicher, gebt der Leere ein Gesicht!
Lasst getrost ein Guter über allem thronen!

So verletzend spricht, wer Lügen hart bekämpft.
Keinem Argument wird er sich einfach beugen,
Kraft und Klarheit braucht es, ihn zu überzeugen,
da sein scharfes Wort gleich alle Hoffnung dämpft.
Jedem Ego zwar muss dieses Schneiden schmerzen,
Selbstbetrug vermag er so nur auszumerzen.

Der Pragmatiker

Geglaubtes kann sein Feuer nicht entfachen
und Wissen ist ihm bloße Theorie:
Gedacht? Wohl wahr! Was lässt sich daraus machen?
Er sucht, was Nutzen bringt, mit Akribie
und greift dabei nach altbewährten Sachen:
Was kann man brauchen unter Garantie?
So soll die Praxis über Wahrheit wachen
und Handlung krönt die Wertehierarchie.

Doch während Schwärmer häufig sich bekriegen,
Zeloten zwangsbekehren mit dem Schwert
und Fromme Welt und Wirklichkeit verneinen,
soll seinerseits die Wirkung nur obsiegen.
Verhilft Konkretes er zu hohem Wert,
er schafft es, Geist und Körper neu zu einen.

Der Idealist

Hinauf zur Himmelsweite tönt sein Herz:

„Zeig her, was wahr und gut, dass ich's erwäge?"

Und geht sein Sinnen schließlich erdenwärts,

ihn drückt die Fülle hehrer Denkerträge.

Wer reine Bilder hegt, der kennt den Schmerz

Ihm war die Erde immer schon zu träge.

Nur Luft alleine schmiedet nicht ihr Erz.

Es braucht auch Feuersbrunst und Hammerschläge.

Er sollte stets sich nah am Boden halten

und prüfen Schritt für Schritt sein Wort

und sich bewähren jetzt an diesem Ort,

sein Inbild in den Tag hineingestalten.

Sonst hätte bloß ein Schwärmer schön gedacht,

was keiner wirklich will, noch wirklich macht.

Der Spiritualist

Er will nicht wissen, sondern innig glauben
ans Gute, das die Welt ihm nicht entzweit.
Sich abzuwenden hält er sich bereit,
kein grelles Licht soll ihm des Scheins berauben.
Wer blind vertraut, kann Prüfung nicht erlauben.
Schon jedes Zweifeln ginge ihm zu weit.
Doch braucht er Zuversicht, die ihn befreit,
ein Lüftchen gar den Glauben zu entstauben

Doch wird des Himmels Weisheit ignoriert,
die Liebesglut, die wir in uns bewahren,
und alles je Geglaubte widerlegt,
uns hülfe nur, was ihn seit je bewegt:
dass in und hinter allem Offenbaren
ein tiefer Sinn im Stillen triumphiert.

Der Realist

Träumen, fabulieren, das tun bloß Chaoten,

wirklich ist allein, was ihm sich offenbart.

Denn mit seiner Sicht sind Echt und Recht gepaart.

Zweifel scheint ihm deshalb faktisch nicht geboten.

Wahr verknüpft mit Wahn – er kann das kaum entknoten.

Alles gibt ihm recht, es ist wie er's gewahrt.

Da er will, dass Welt sich um sein Weltbild schart,

macht ihn Fremdkritik zum surreal Bedrohten.

Mächtig wie ein Herrscher legt er fest, was gilt,

so entschieden, dass sich ihm fast alle fügen.

Wer sich selbst nicht hinterfragt, kann glaubhaft lügen.

Vor gab er, ist nachzugeben nicht gewillt.

Echt sind auch die andern, er nicht etwa echter.

Wahrheit sind der Lichter viele, keins ist schlechter.

6 x 7 = Alles durchlitten

Die Zentren

Der emotional Zentrierte

Bei ihm wird immer erst das Herz gerührt,
von Worten gleich wie Taten angesprochen.
Und drohen Emotionen hochzukochen
er handelt sicher vom Gemüt geführt.
Denn eh' er denkt, hat dieses schon gespürt.
Verstummt er mal, ist ganz in sich verkrochen,
dann steckt Gefühltes ihm noch in den Knochen
und er ist still, sein Hals wie zugeschnürt.

In seiner Nähe lebt man gut geborgen,
umfasst von Wärme, fühlt sich selber nah,
und fragt nach keinem Grund, ist einfach da,
bemerkt erstaunt: Es Schwinden alle Sorgen.
Ihn selbst erfüllt die Nähe nicht so ganz,
er bräuchte wohl zum Herzen mehr Distanz.

Der intellektuell Zentrierte

Zu denken liegt ihm nah, ist hehre Lust.
Er prüft, was Welt und Welten ihm erzählen,
bemüht daraus der Wahrheit Kern zu schälen.
Gefühltes bleibt ihm eher unbewusst:
Sucht Sinn der Kopf, ist ohne Sinn die Brust.
Doch wenn es gilt, das rechte Wort zu wählen,
er weiß, auf seinen Scharfsinn kann er zählen,
Denn sprachlos bleiben hat er nie gemusst.

Zurückgezogen sieht er manches klarer
und holt im Stillen aus Erfahrung Wert,
zuweilen mehr, als er zuvor erfährt.
Zu Unrecht scheint ihm dieses Dasein wahrer,
denn keiner kann vom Leben wirklich lernen,
zugleich sich aber denkend ihm entfernen.

Der sexuell Zentrierte

Nah wie keiner weilt er wilder Erdenkraft,

steht erstaunlich tief in ihrem Lebenssaft,

spürt den Schöpfungsdrang von unten her sich regen,

fühlt wie Urgewalten mächtig ihn bewegen,

voller Energie, die seinen Körper strafft,

sein Geschlecht erhöht, damit es Neues schafft.

Erdenlogik kann er selten widerlegen,

ihre Gründe halten Schritt für Schritt dagegen.

Denker sinnen, ihre Welt ist bloß gedacht.

Die, die fühlen, sehn nur, was ihr Herz entfacht.

Er gebiert und liebt das ganz Originelle,

Nie verblasst sein Tun, ihn speist des Lebens Quelle.

Mag er auch nicht wissend oder weise sein:

Radikal zu ändern traut sich er allein.

Das instinktive Zentrum

Lang bevor wir denken, hat es aufgepasst.

Droht Gefahr und liegt ein Gegner auf der Lauer,

kippt die Lage, wird sie unerwartet rauer,

wird wie aus dem Bauch das Ganze schnell erfasst.

Wo Sekunden zählen, ist Verstand nur Last.

Fehlt Instinkt, verkürzt sich rasch des Lebens Dauer.

Dieses Zentrum reagiert in Not genauer,

sein Reflex allein entspricht gebot'ner Hast.

Frei ist freilich nicht, wer so dem Leib verbunden.

Sicher trifft er seine Wahl nur unbedacht,

hat sich derart oft um Kopf und Herz gebracht:

Blindlings handelnd, wurde ihm das Licht entwunden.

Wer sich treiben lässt, erliegt der Triebnatur,

gleicht dem Menschen kaum, ist nur noch Kreatur.

Das spirituelle Zentrum

Wenn das Denken endlich einmal innehält
und Gefühle plötzlich unverhofft verklingen,
Wunsch mit Wunsch um Vorherrschaft nicht länger ringen,
taucht man schweigend ein in reine Geisteswelt.
Wo der Sinn entfesselt in die Freiheit fällt,
hebt Bewusstsein lautlos höher seine Schwingen,
sah man reiner nie, doch nie kann man's erzwingen;
Selbst bestimmt die Wahrheit, wann ihr Schleier fällt.

Kaum ein Mensch kann lang in dieser Sphäre bleiben.
Göttergleiche Klarheit fordert ihren Preis:
Will er Geist vernehmen, muss zum Geist er werden.
Löst er seine Bande, könnt' er sich entleiben.
Nichts erblüht der Stirn, das nicht entspringt dem Steiß:
Was sich oben öffnet, muss sich unten erden.

Das ekstatische Zentrum

Gewaltig tönt es, lässt sein Herz erbeben,
berührt ihn sanft ein Bote aus dem Licht.
Er schaut, ihm scheint, in Gottes Angesicht
und sieht in diesem Glanz die Wahrheit leben.
Der Liebe nur noch will er sich ergeben,
die tief erschütternd aus der Brust ihm bricht.
Er bleibt, nach oben offen, nie ganz dicht,
fühlt's Meer in sich, und sich im Meere schweben.

Wen Himmels Kräfte dergestalt erwecken,
der blickt in jedem Ende auch Beginn.
Und leuchtet auf des Erdendaseins Sinn,
verliert der Tod auf ewig seinen Schrecken.
Wer einmal seiner Seele Heimat kennt,
ist nie und nirgends mehr von ihr getrennt.

Der motorische Zentrierte

Ungeduldig sucht sein Wesen nach Bewegung,
unermüdlich angespannt und sprungbereit.
Einfach mal verharren: Er ist's bald schon leid,
drängt vielmehr auf rasche Ortsverlegung.
Ziele erst bedeuten ihm Gemütserregung:
Schafft er Großes, liegt noch Größeres nicht weit.
Vorwärts strebend fühlt er sich zur Tat befreit.
Ruht er nicht im Sein, so fehlt ihm Seinsbegegnung.

Welt, so stark geronnen, hält uns fest in Haft,
Dasein schränkt uns ein, man muss es ständig weiten.
Wer jedoch soll seine Grenzen überschreiten?
Einzig er, so voller Schwung, besitzt die Kraft.
Fließen muss das Leben, sterben, was stagniert,
Möglich nur ist Neues, wo man's auch probiert.

7 x 7 = Alles erduldet

Die Seelenalter

Die Säuglingsseele

Aus ungeteilter Seligkeit verjagt,
versetzt sie diese Welt in Angst und Schrecken,
Sie mag noch kaum darin den Wert entdecken,
zu sehr zunächst von Trennungsschmerz geplagt.
Und doch hat sie beherzt und frei gewagt,
zum Körper hin die Fühler auszustrecken.
Und der braucht Schlaf, nur Hunger kann ihn wecken,
Denn Schutz und Nahrung sind, was ihm behagt.

Allein kann sie nicht sein, man muss sie schützen.
Sie braucht ja jemand, der sie nährt und pflegt.
So hilft auch sie, wenngleich nicht überlegt,
und lässt die Helfer sie beim Staksen stützen.
Es gilt die Schulweisheit ja bis zuletzt:
Wer keinem Jüngern hilft, wird nicht versetzt.

Die Kindseele

Sie will alleine stehn, auf zarten Beinen,
doch fürchtet der Geborgenheit Verlust.
Vertrieben aus dem Schoß, wird ihr bewusst:
Das Ganze gilt es nunmehr mit zu meinen.
Der Schutz der ihren muss ihr nahe scheinen,
zum Abenteuer fehlt ihr sonst die Lust.
Als Ahnung fühlt sie Schuld in schlichter Brust,
doch häufig wirft sie wahllos noch mit Steinen.

Sie liebt das Spiel und legt sich ungern fest,
probiert oft aus, doch kann sich nicht verpflichten.
Natürlich soll nach ihr sich alles richten.
Am meisten lernt sie ja, wenn man sie lässt.
Woher das Böse rührt, kann sie nicht fragen,
ihr Schicksal werden jene, die's ertragen.

Die junge Seele

Unablässig strebt sie weiter bis nach oben,
Ruhm und Glanz erscheinen ihr zum Greifen nah.
Eins will sie: Erfolg. Und sieh: Erfolg ist da!
Macht und Reichtum auch, gewiss wird Gott sie loben.
Sieht sie sich der Haftung selbst naiv enthoben,
glaubt sie fest, sie wollte das, was ihr geschah.
Schuld am Unrecht hat sie, wo sie solches sah,
ohne Zögern gern dem Opfer zugeschoben.

Stolz meint sie, sie selbst hat dieses Los bestimmt.
Über das jedoch wird anderswo entschieden.
Ihr ist es egal, mit sich ist sie zufrieden:
Kaum ein Schicksalsraunen je, das sie vernimmt.
Ging's nach ihr, sie würde jung noch lange bleiben.
Nun muss sie der Überdruss zum Ursprung treiben.

Die reife Seele

Von selbst versteht sich länger nicht, ihr Denken.
Sie spürt, der Jugend Sicherheit ist hin.
Erfolg an sich ergibt nicht weiter Sinn.
Zum Innenwert will sie ihr Auge lenken.
Sensibel kann sie nun sich gut versenken,
die Zartheit bringt indes nicht bloß Gewinn.
Verletzlich steht sie vor dem Neubeginn:
Was früher sie nicht traf, kann jetzt sie kränken.

Des Ganzen Wohl im Sinn, ist sie bereit,
sich selbst in ihrem Kern zu hinterfragen,
ihr eigenes Gepäck allein zu tragen,
zu tilgen Schuld aus einst erzeugtem Leid.
Hinaus zur Welt ging sie und suchte Glück,
nun kippt erlebte Welt in sie zurück.

Die alte Seele

Allein ist sie, in ihren Leib verbannt,
sie sieht, die Welt versucht sie noch zu blenden.
Zu viel ist fremd, an wen soll sie sich wenden?
Sie wird von Jung und Jünger oft verkannt.
Verwaist betritt sie erst das Seelenland,
entdeckt: Was hier daheim, wird niemals enden.
empfängt berührt, was Seelenfreunde senden,
erlangt in ihren Sphären festen Stand.

Allmählich fühlt sie ihre Kampfkraft schwinden.
Erlebt hat sie so viel. – Was soll sie noch?
Sie kann zwar weiter, muss sich selbst jedoch
mit feiner Kraft, die höher schwingt, verbinden.
Sie fürchtet aufzugehn im Seelenmeer
und wünscht sich dieses eins zu sein doch sehr.

Die transpersonale Seele

Man kennt das Leben gut und glaubt gewohnt,
sich selbst im Kern als Einheit aufzufassen.
Erfahrung scheint zur Ansicht ja zu passen,
dass eine Seele nur im Menschen wohnt.
Ganz selten aber, wenn es echt sich lohnt,
beseelen *einen* Leib gleich Seelenmassen
und Himmels Weisheit scheint es zuzulassen,
dass über ihm ein Seinsgebilde thront.

Die Einzelform nur können wir gewahren,
das Spiel der Kräfte nicht, den Lichtgehalt.
So werden sich um diese Geistgestalt,
am Ende nur verwandte Seelen scharen.
Sind viele Alte hier zum letzten Mal,
so hilft sie diesen aus dem Erdental.

Die transliminale Seele

Seit der ersten Zeugung schon, sind wir gefangen,
spüren schwer den Leib, der uns ins Dunkel drückt.
Weit von Liebe, Licht und Ursprung abgerückt,
trübt sich unser Geist, sein Himmel scheint verhangen.
Mag die Seelenblüte frei zu sein verlangen,
geht sie doch nicht gern, sobald ihr Gott sie pflückt.
Kaum einmal, dass diese Trennung wirklich glückt:
Wandlung lässt das Herz am Ende leiblich bangen.

Immer wenn die Welt zum Anfang hin sich senkt,
neigt sich tief herab ein unbegrenztes Sein.
Leuchtet dieser Gott uns neue Wahrheit ein,
höher aufwärts sieht die Menschheit sich gelenkt.
Was man lernt und liebt, dem All geht's nicht verloren.
Uns ist Werden Schicksal, ewig frei erkoren.

21 Angsttypen

Nach *Die sieben Archetypen der Angst*
von Varda Hasselmann und Frank Schmolke

Sieben Ängste gibt's, wie sieben Wochentage.

Jedem Menschen werden zwei davon zur Plage.

Eine regelt, wie du fühlst und siehst privat,

wenn ein andrer dir zutiefst persönlich naht.

Stärker allerdings ist generell die zweite.

Sie beeinflusst deine öffentliche Seite.

Keine Seele bleibt von Ängsten je verschont,

während sie auf Erden ihren Leib bewohnt.

Schauen kannst du, wie sie durch dein Leben geistern.

Lange braucht's jedoch, ihr Muster auch zu meistern.

1 x 3 = Nichts zu verbergen

Selbstverleugnung –
Die Angst vor Unzulänglichkeit

Die Unscheinbare

Hinter grauen, dichten Wolken steht ihr Stern.
So zumindest scheint's, man kann es bloß vermuten.
Nicht einmal sie selbst erblickte je den guten.
Ihr ist jedes Scheinen oder Strahlen fern.
Unerkannt am Rande bleibt sie scheinbar gern,
Unverschleiert lässt sie nie ihr Glanzlicht fluten.
Zeigt man ihr das Leuchten ihrer heißen Gluten,
glaubt sie nicht, dass ihrer ist, der lichte Kern.

Einer, hofft sie, sucht am Himmel doch ihr Glühen
Einer endlich, der die Farbenpracht erkennt,
die schon lange tief in ihrem Innern brennt.
Aus der Ecke muss sie sich nach vorn bemühen
Sollte sie nicht meinen, dass sich so was lohnt,
bliebe ihre Sonne weiter nichts als Mond.

Die gute Seele

Herzlos ist die Welt, sie macht ihr Angst und bange.

Dort ihr Recht zu fordern, traut sie sich nicht zu,

sucht in allem lieber Harmonie und Ruh,

heilt das Schlechte, wendet hin die andre Wange.

Ständig streiten scheint ja überall im Schwange.

Alle meinen wohl Gewalt, das sei der Clou.

Doch nur Liebe mindert Hass, versöhnt das Du.

Gleich was kommt, sie hält dem Frieden treu die Stange.

Gutes wollen kann nicht jeder einfach so.

Keine Furcht wird gegen Böses je gewinnen.

Vielmehr drängt die Angst das Böse bloß nach innen.

Sich behaupten, kämpfen, das gilt doch fürs Gros.

Was verborgen bleibt, wird nie die Welt erhellen.

Wer sie heilen möchte, darf sich nicht verstellen.

Die Fleißige

Was man auch von ihr verlangt, sie kniet sich rein.
Alles kann sie, lässt man sie in Ruhe machen.
Grenzen wissen ihren Ehrgeiz anzufachen.
Immer trachtet sie danach perfekt zu sein.
Ihre Kompetenz, mit der bleibt sie allein,
muss ja ständig ihren Fortschritt überwachen.
Denn wer gnadenlos sich treibt, hat nichts zu lachen,
tut sie auch, als wären ihre Mühen klein.

Unermüdlich will und muss sie sich beweisen,
dass sich jedes Ziel noch ihrem Streben beugt,
was tatsächlich nur sie selbst nicht überzeugt.
Streng ist sie mit sich, man muss sie öfter preisen.
Und obwohl sie ihr Vollkommenes versteckt,
will sie insgeheim, dass einer es entdeckt.

3 x 2 = Nichts zu beklagen

Selbstsabotage –
Die Angst vor Lebendigkeit

Der Spielverderber

Unbeschwerte Fröhlichkeit ist ihm zuwider.

Lichtes, Leichtes gar, wie sehr er dem misstraut!

Lebens Atem stockt, wo er hinüberschaut.

Lacht man bloß vergnügt, hebt er schon seine Lider.

Spielerische Freude macht er jählings nieder:

„Leute, seid nicht albern, blödelt nicht so laut!

Euer Frohsinn schießt mal wieder arg ins Kraut.

Mir ist eure Lustigkeit erbärmlich bieder."

Er ist Geist – ihn kränkt das Wollen der Natur.

Ihre Lust, wohl wahr, verdirbt ihm leicht das Denken.

Dumpfe Triebe suchen seinen Weg zu lenken.

Diese abzulehnen hält ihn in der Spur.

Doch er kann nicht zwischen sich und Leben wählen.

Also gilt es beider Wille zu vermählen.

Der Griesgram

Farb- und freudlos zeigt sich ihm das Leben.

Gleichviel was, er lässt daran kein gutes Haar,

nimmt an allem nur das Negative wahr.

Kaum ein Sinn kann seine trübe Stimmung heben.

Wen die Welt beglückt, der irrt sich, liegt daneben.

Grau ist sie, ein trüber Schemen offenbar.

Aber manche haben wohl den „Rosa Star",

wagen nicht ihr buntes Wunschbild aufzugeben.

Richtig ist: Der nächste Winter kommt bestimmt,

so wie auch das Alter folgt der Jugend Wonne.

Und was bleibt uns übrig, neigt sich tief die Sonne?

Kaltes Grau, das gierig alles Bunte nimmt.

Doch mit gleichem Recht kehrt auch der Frühling wieder.

Besser freut man sich am ganzen Auf und Nieder.

Der Trauerkloß

Steter Strom des Lebens hat bei ihm versagt.

Was vergangen ist, er lässt es nicht vergehen.

Gab es Kummer, blieb ein Teil von ihm dort stehen.

Seitdem hat er oft an altem Leid genagt.

Schatten haben seine Freude angeklagt.

zwingen ihn nun hinter sich zurück zu stehen.

Endlos scheint er sich im Jammerkreis zu drehen.

Immerzu von Sorgen weiter nachgejagt.

Fürchtet man das Fließen, mag man Dämme bauen.

Damit hält die Furcht das Leben portioniert,

sichert ihre Wälle, bestens kontrolliert.

Doch zu trübe werden Wasser, die wir stauen.

Tragisch ist des Lebens Lauf und ungewiss.

Wer sich schützen will, versinkt in Kümmernis.

3 x 3 = Nichts zu erkämpfen

Märtyrertum –
Die Angst vor Wertlosigkeit

Der Sündenbock

Opfern darf man ihn, er bringt sich selber dar.

Einer muss ja seine Hand dem Täter reichen

und er liebt es fremde Schulden zu begleichen,

legt sich still und willig auf den Sühnaltar.

Seine Leiden machen Böses wandelbar.

So zumindest sieht er selbst sein Zeichen.

Jemand müsste ihm sein Rechtsgefühl mal eichen,

denn er nimmt die Feigheit seiner Tat nicht wahr.

Statt zu ringen, sucht er immer zu erdulden,

will moralisch aber klarer Sieger sein,

zeigt den Gegnern: Schäbig seid ihr bloß und klein.

Nie mag er, das scheint gerecht, sich selbst entschulden.

Doch er nutzt zum Wohle aller erst die Zeit,

wenn er sich für sich zu kämpfen auch verzeiht.

Die Strahlende

Glücklich will sie machen, lächelt viel und strahlt.
Jedem hilft sie freudig, überall und immer,
gleich zur Stelle schon beim leisesten Gewimmer,
frohgemut zu Dienste, dient sie unbezahlt.
Sieht man, wie sich jeder gerne darin aalt,
spürt man: Ihre Hilfe macht die Not oft schlimmer.
Dank, so sagt sie, davon braucht sie nicht den Schimmer
Typisch, dass sie ausgerechnet damit prahlt.

Aber müde wird sie, jeden zu erhellen,
traurig, bitter, böse gar zu böser letzt.
Viel zu wenig sieht sie ihre Güte wertgeschätzt,
trotz der Liebestat sich selbst hintanzustellen.
Lernen muss sie, dass des Schwachen Hilfe schwächt,
und der Schwache schließlich sich am Helfer rächt.

Der Großspurige

Heldenhaft hat er Gewaltiges vollbracht,

konnte ganz allein Gefahrenwälder lichten,

böse Drachen schon mit einem Hieb vernichten.

Unerschrocken schlug er sich durch manche Schlacht.

Nie indes hat er dabei an sich gedacht.

So zumindest hört man ihn berichten,

will er seinen Ruhm zum Heldenlied verdichten.

Glaubt man ihm, erlebt man sich bald klein gemacht.

Ohne Schuld, so meint er, wird man nicht geboren.

Dass man da ist, folgt aus früher Missetat.

Auf geht damit einer alten Bosheit Saat.

Sie mit Fleiß zu tilgen hat er sich geschworen.

Doch er tut der Buße leider schnell zu viel,

schießt mit neuer Schuld am Ende übers Ziel.

4 x 3 = Nichts zu behalten

Starrsinn –
Die Angst vor Unberechenbarkeit

Die Autonome

Nie gibt sie das Zepter gänzlich aus der Hand,

lässt sich niemals fallen, möchte nicht verlieren,

allzu große Nähe lieber minimieren,

sieht sie doch: Versprechen haben kaum Bestand.

Keiner ist verlässlich, früh hat sie's erkannt,

Also warum sich mit irgendwem liieren?

Warum damit Frust und Trennungsschmerz riskieren?

Sicher bleibt sie prophylaktisch abgewandt.

Freilich sind ihr echte Brüche widerfahren.

Flüchtig ist das Leben, angelegt auf Zeit:

Was zusammen war, hat's immer noch entzweit.

Aber davor kann sie kein Versteck bewahren

Wer sich tief verschanzt und wappnet, leidet mehr.

Weiser ist gewiss, man setzt sich nicht zur Wehr.

Der Sturkopf

Eindrucksvoll, wie hart er sich ins Ziel verbeißt!
Selten wankt er, hält nicht viel von Kompromissen.
Häufig freilich lässt er Zielkritik vermissen,
doch er setzt sich eisern durch, wenn's sein muss dreist.
Fügsamkeit, er weiß nicht wirklich, was das heißt.
sieht sich selbst beharrlich, andre ihn verbissen.
Wird der Widerstand gar mächtig, will er's wissen,
fährt sich an die Wand, bevor er sich entgleist.

Oftmals werden wir vom Wege abgelenkt,
landen dort, wo wir nicht landen wollen.
Sicher ist, dass wir uns gut fixieren sollen.
Doch zu leicht wird damit unsre Sicht beschränkt.
Starr mag man ein starres Ziel erreichen.
Will man Neues, lässt man sich vom Weg erweichen.

Der Überlebenskünstler

Was je des Wegs kommt, er harrt darauf gespannt.
Die größten Widerstände möchte er besiegen,
Veränderung gewiss nicht tatenlos erliegen.
Herausgefordert lebt er auf, ist wie gebannt.
Probleme löst er spielend, oftmals aus dem Stand.
Egal worauf, die Antwort scheint ihm zuzufliegen.
Zur Not erlaubt er sich sie etwas hinzubiegen,
behält damit tatsächlich lang die Oberhand.

Doch es kommt die Stunde, die sein Glück beendet,
da sein Strahlen keine Wolken mehr verjagt,
weil sein Optimismus schließlich doch versagt
und – sich seine Welt ins Ungewisse wendet.
Aber auch ein Gutes hat ein solches Scheitern,
kann es doch sein Herz um Mitgefühl erweitern.

5 x 3 = Nichts zu verlieren

Gier –
Die Angst vor Mangel

Der Vielfraß

Viel genügt ihm niemals lange, er braucht mehr.

Lieber als zu sein will er das Seine haben.

Wozu ist man da, wenn nicht um sich zu laben?

Endlich satt zu werden, so ist sein Begehr.

Doch er frisst vergebens, fühlt sich weiter leer.

Weder kann das Füllhorn seine Furcht begraben,

noch etwa Verzicht auf dessen reiche Gaben.

Maß zu finden, maßvoll sein, das fällt ihm schwer.

Vieles möchte er sich bleibend einverleiben:

Gutes Essen, Achtung, Ruhm, Erfolg und Geld.

doch egal wie fest er seine Schätze hält,

nichts davon wird ihm am Ende übrigbleiben.

Deshalb aber muss man rühmen seinen Schneid,

spät zu lernen noch: Vergeudet war die Zeit.

Der Geizhals

Was er hat, gewiss, das darf er nicht verlieren,
fühlt sich erst erleichtert, wenn er Kosten spart.
Ängstlich sucht er also, ganz nach seiner Art,
noch das kleinste Defizit zu minimieren.
Nicht einmal ein Lächeln wird er investieren,
wo er keinen Reingewinn für sich gewahrt.
Blass die Haut, die seine Tragik offenbart,
denn er darbt, um keinen Mangel zu riskieren.

Doch ist alles, was wir haben, stets geborgt,
sinnlos nur Besitz und Vorrat anzustreben.
Liebe, Licht und Geist sind immerzu gegeben.
Deshalb irrt, wer glaubt, dass er sich selbst versorgt.
Wer zu halten sucht, den kann der Strom nicht lenken.
Sicher lebt man nur, sofern man lernt zu schenken.

Der Habenichts

Überfluss bedrückt ihn, lässt ihn leiblich leiden.

Vor der Reichtum Fülle wird ihm vollends schlecht.

Sein Gewissen fürchtet, dass Besitz sich rächt.

Viel verliert, wer vieles hat – er will's vermeiden.

Schlicht und ärmlich sucht er sich zu kleiden.

Arm zu leben, macht sein Dasein erst gerecht.

Wer nur haben will, ist seiner Sinne Knecht.

Er dagegen lebt genügsam und bescheiden.

Doch er hofft auf Himmels Lohn für Habverzicht.

Schwelgen würde er zu gern in Gottes Gaben,

nur nicht selbstbestimmt danach gegriffen haben.

Lieber sieht er sich als leidend, rein und licht.

Uns wird aber nur, was wir für uns erkoren.

Also hat, wer nichts begehrt, bereits verloren.

6 x 3 = Nichts zu verschmerzen

Hochmut –
Die Angst vor Verletzung

Der Hochnäsige

So viel Derbes muss sein feiner Geist ertragen.
Allen bleibt sein helles Wesen unerkannt.
Von den Grobgestrickten gänzlich abgewandt,
merkt er, dass sie dennoch ihn zu stören wagen.
Sehn sie ihn nicht ihre Dumpfheit überragen?
Pöbel steht beisammen, er bloß steht am Rand
Nur den Ahnungslosen scheint das arrogant.
Keiner aber kann wie er der Welt entsagen.

Er ist sensitiv, man kommt ihm leicht zu nah,
Schutz nur findet er in seinem Turm ganz oben.
Dort hat er sich über jeden hoch erhoben,
sieht präzise, doch ist menschlich nie ganz da.
Nichts bleibt sonst zu tun: Er muss hinuntersteigen:
Wahrheit finden die nur, die sich liebend neigen.

Der Racheengel

Durch die kleinste Kränkung schon zutiefst verletzt,

sieht er sich befugt nach seinem Recht zu richten,

neigt dazu den Frevel überzugewichten,

wie er auch sein Anrecht maßlos überschätzt.

Zwar vollstreckt er's Urteil selten gleich schon jetzt,

ungeahndet bleibt das Sakrileg mitnichten.

Heimlich will er seinen Störenfried vernichten.

Rachedurst erfüllt ihn, hält sein Schwert gewetzt.

Später aber zögert er mit seinen Hieben.

Alternd schließlich zweifelt er und überlegt,

was ihn permanent zum Strafen bloß bewegt,

welche Macht ihn drängt zu hassen statt zu lieben.

So verhängt's Gewissen über ihn den Bann

bis er endlich seine Schmerzen tragen kann.

Der Sensible

„Geh behutsam mit mir um, ich bin zu zart!
Seh, mein filigranes Wesen könnte brechen!
Bloß ein Stoß und schon muss man's zusammenrechen.
Manch ein lautes Wort ist mir bereits zu hart.
Droht ein Streit, ein Kampf sogar, mein Herz erstarrt.
Warum denn nicht freundlich miteinander sprechen?
Wisse, mich wird alles Grobe immer schwächen,
wie mich auch verletzt der Bosheit rohe Art."

Also spricht und sucht er das, was kränkt, zu meiden,
bis er eines Tages ganz allein bemerkt,
dass je mehr er seine Watteschicht verstärkt,
umso penetranter werden seine Leiden.
Kriecht er dann aus seinem Polsterbau hervor,
finden die Bedrückten sein geneigtes Ohr.

7 x 3 = Nichts zu verfehlen

Ungeduld –
Die Angst vor Versäumnis

Der Zappelphilipp

Es scheint, ein Kobold lässt ihn zucken, treibt ihn an,

als säße er nur stets auf glühend heißen Kohlen

Er weiß, er hat mitnichten seine Zeit gestohlen,

muss immer noch was tun, bevor er ruhen kann.

Man rät ihm: „Mach mal langsam!", doch er weiß nicht wann,

und meistens – ehrlich – will sich jener bloß erholen,

der ihm besorglich Ruhe, Stillstand gar empfohlen.

Ihn langweilt jede Rast, noch ehe sie begann.

Doch der Muße sollte er sich nicht verschließen,

wenn ihn auch die Ungeduld sofort beschleicht.

Seiner Arbeit Früchte, so geschwind erreicht,

wird er sonst zwar sammeln, aber nie genießen.

Einer, der vor Hektik ständig überschäumt,

hat am Ende doch das Beste stets versäumt.

Der Rennfahrer

Am liebsten geht er nach der Uhr und läuft perfekt.

Die Stunden seiner Tage plant er taktpräzise.

Verfährt er nach der nutze-deine-Zeit-Devise,

erledigt er die Dinge pünktlich und korrekt.

Geschäftig hat er seine Ziele hochgesteckt.

Verfehlt er sie jedoch, gerät er in die Krise,

ein Zwerg im Lassen noch, als Macher schon ein Riese,

den ungeplante Wartezeit verstört und schreckt.

Lernt er aber Hemmnis freundlich zu empfangen,

gar den Rat zu hören, den ihr Zeichen spricht,

kann er manches schätzen, das ihn unterbricht,

muss um seine Effizienz derweil nicht bangen.

Mutig, wer geduldig seinen Weg befragt,

dort, wo Triebmechanik durchdreht und versagt.

Der Scheintote

Manchmal wird ein Macher plötzlich inaktiv:
Keine Hoffnung kann sein Herz noch hegen,
keine Widrigkeit vermag ihn aufzuregen,
Dumpf erlebt er sich und gar nicht effektiv.
Ihn, den Tatkraft freut, macht Muße depressiv.
Innerlich deshalb muss er sich nun bewegen,
Scham besiegen, sich in seiner Schwäche pflegen.
Sonst entführt die Unlust ihn ins Dauertief.

Er sieht, die Zeit hat ihre Farbe, ihre Güte:
Was heute widerstrebt, war gestern wie ein Drang
und morgen schon gelingt, was heute noch misslang.
Kein Baum steht schließlich winters schon in Blüte.
Wer lernt zu warten nur und Leerlauf akzeptiert,
vermag zu wissen, wann sich Ungeduld rentiert.

Angstallianzen

Angsttypen im Gespräch

Egal wohin du gehst, die Angst ist mit dabei.

Du lebst nicht ungestört, denn schon du selbst bist zwei.

Sobald wir beide nun ein Thema diskutieren,

ergibt das in der Summe ein Gespräch von vieren.

Es kann dann deine Angst – du musst das gar nicht merken –

die meine, oder diese deine noch verstärken.

Zwar bringt des einen Furcht den andern auch voran

doch letztlich weiß man nicht mal ob, geschweige wann.

Die Ängste müssen ihren Pakt nicht laut verkünden.

Sie können ganz allein sich gegen uns verbünden.

Die Hoffnung aber ist, dass jenes Glück passiert

und just im Gegenüber sich die Angst verliert.

STARRSINNIGER

Uns wurde, wie du weißt, was Neues aufgetragen.

Gemacht hat bisher keiner solch ein Teamprojekt.

Hinaus auf fremde Felder sollen wir uns wagen.

Man hat's Budget gekürzt, die Ziele hochgesteckt.

Gefahr birgt's Ungewisse, doch – die lässt sich bannen.

Denn seh, ich hab uns einen Plan zurechtgelegt.

Ist der einmal fixiert, wir könnten uns entspannen.

Das Unvertraute wäre praktisch eingehegt.

SELBSTVERLEUGNER

Ich weiß nicht recht, wieso uns überhaupt beschränken?

Die Planung hab ich auch, nur eher still bedacht.

Die ganze Nacht versuchte ich sie neu zu denken.

Heut Morgen bin ich voller Tatendrang erwacht.

Ich bin der Meinung, Großes könnten wir vollbringen,

solange ungewiss das Ungewisse bleibt.

Berühren muss es tief, sonst wird uns nichts gelingen.

Wie wär's, wir schauen mal, wohin der Strom uns treibt?

STARRSINNIGER

Bedenke wohl, es sind Termine einzuhalten!

Wir brauchen festen Boden, Normen statt Natur.

Wir können Fantasie im Team nicht frei entfalten.

Wenn alles fließt, so fehlt am Ende noch Struktur.

Erfolge gibt es nicht geschenkt, man muss sie planen.

Der Wandel braucht ein Maß, ich nimm das in die Hand.

Ich brauch's konkret, mir reicht kein Spüren oder Ahnen.

Wir folgen meinem Weg, ich hab den Sachverstand.

SELBSTVERLEUGNER

Du willst mich über Gründlichkeit und Fleiß belehren.

Dann sag doch besser gleich, die traust du mir nicht zu!

Du kennst mich schlecht, mein Tun wird Hand noch Fuß

entbehren.

Die Pflicht entlockt mir Tatkraft, lässt mir keine Ruh.

Es fällt mir schwer, mich selbst als leistungsstark zu zeigen.

Viel wohler fühl' ich mich im grauen Hintergrund.

Der Auftrag aber rief, da durfte ich nicht schweigen.

Ich brauche meinen Platz, nicht gerne tu ich's kund.

STARRSINNIGER

Was soll's, man sieht auch so, du stellst uns in den Schatten.

Dein Ehrgeiz ist, wiewohl versteckt, durchaus bekannt.

Doch täte ich so viel, es würde mich ermatten.

Dein stiller Fleiß bedrückt und drängt mich an den Rand.

SELBSTVERLEUGNER

So bin ich nicht, du irrst, ich gebe bloß mein Bestes

und nehme an, wir alle setzen alles ein.

Kannst du das aber nicht, ich schlage vor, du lässt es.

Was mich betrifft, ich suche nur perfekt zu sein.

Ich will nicht vorne stehn und hasse es zu glänzen.

Am liebsten bin ich immer tüchtig unbemerkt.

Jedoch muss ich mich wehren, will man mich begrenzen.

In meinem Trotz hat mich dein Eigensinn bestärkt.

STARRSINNIGER

Ich wollte dich, verzeih!, auf keinen Fall verletzen.

Du bist extrem sensibel, einfühlsam und klug.

Doch fürchte ich, du schaffst es nicht dich durchzusetzen.

Nur ich als Dickkopf, wie du merkst, bin dreist genug.

SELBSTVERLEUGNER

Das wäre schon in Ordnung, wenn's auch stimmen würde.

Statt dreist jedoch bist du vor Angst bloß starr fixiert.

Und fürchtet sich der Chef, fürs Team wird er zur Bürde.

Wie soll denn führen, wer den Weg mit Macht blockiert?

STARRSINNIGER

Dann gehe du voran, die Streber gilt's zu küren!

SELBSTVERLEUGNER

O nein, wo denkst du hin! Nur Fleiß genügt da nicht.

STARRSINNIGER

Dein Vorbild inspiriert, du hast das Zeug zum Führen.

SELBSTVERLEUGNER

Du machst dich lustig bloß, ich bin ein trübes Licht.

STARRSINNIGER

Was fürchtest du? Ich denk', du bist für Neues offen.

SELBSTVERLEUGNER

Die Leistung, die ich bring', du glaubst doch nicht, die reicht?

STARRSINNIGER

Wenn das zu wenig ist, was bleibt uns dann zu hoffen?

SELBSTVERLEUGNER

Ich mach ja gar nicht viel, das Bisschen fällt mir leicht.

STARRSINNIGER

Zu ängstlich eng bin ich, desgleichen du bescheiden.

Da fragt sich doch von selbst: Was könnten wir zu zweit?

SELBSTVERLEUGNER

Dass alle sehn, was ich nicht kann, ich will's vermeiden.

Wenn's keiner merkt, bin ich zu treuem Dienst bereit.

Man muss mich lassen, eher unauffällig loben.

Ich achte mich gering, nur tu es mir nicht gleich!

STARRSINNIGER

Bei mir sind deine Rechte bestens aufgehoben.

Ich bleib nach außen hart, du hältst uns innen weich.

SELBSTVERLEUGNER

Es fällt, das weiß ich wohl, nicht schwer mich auszubeuten.

Ein jeder spürt, ich suche dienend Ehrgewinn.

STARRSINNIGER

Mir scheint die Zeit auf Tausch und Teilung hinzudeuten.

Die Angst des Einen – brächte so dem andern Sinn.

SELBSTVERLEUGNER

Du willst aus fremder Schwäche also Nutzen ziehen?

STARRSINNIGER

Was mir noch fehlt, das hättest du und umgekehrt.

SELBSTVERLEUGNER

Du kannst die Furcht zwar spüren, niemals ihr entfliehen.

STARRSINNIGER

Dass wir uns aber helfen, ist uns nicht verwehrt.

SELBSTVERLEUGNERIN

Ich fürchte Tag für Tag, du wirst mich einmal rügen,

denn deinem hohen Anspruch kann ich nicht genügen.

Ich fall' nicht gerne auf, verdien' kein Kompliment.

Auf keinem Felde bin ich wirklich kompetent.

Das Große brauche ich doch gar nicht erst zu wagen.

Bereits beim Kleinen würde ich beschämt versagen.

Verlangst du was von mir, egal, ich kann es nicht.

Ich bin doch bloß, man sieht mich kaum, ein kleines Licht.

Ich seh dich an und muss nicht lange überlegen,

bin dir doch klar in jeder Hinsicht unterlegen.

UNGEDULDIGER

Verzeihung bitte, aber bist du nun so weit?

Du kannst nicht viel, schon klar, ich hab' nur wenig Zeit.

Ich hole gerne aus und hasse es zu warten

denn steht der Plan, ich möchte unverzüglich starten.

SELBSTVERLEUGNERIN

Dein Spott kann mich nicht brechen, ich ertrag den Hohn.

Gering hienieden setze ich auf Gottes Lohn.

Ich gebe Mühe mir und diene stets mit Fleiß.

und möchte schon, ich geb' es zu, dass man das weiß.

UNGEDULDIGER

Natürlich weiß ich deinen Einsatz wohl zu schätzen.

Nur könntest du dich wenigstens ein bisschen hetzen?

Termine hab ich dicht getaktet, kaum getrennt.

Ich nutze gar die kleinste Lücke effizient.

Denn fällt was aus, ich lass es nie dabei bewenden.

Der Tag ist eh schon kurz, ich will ihn nicht verschwenden.

SELBSTVERLEUGNERIN

Du meinst also, ich bin dir weiter nichts als Last.

Vom gleichen Stamm wie du jedoch bin ich ein Ast.

Wohl magst du stets von Tat zu Tat dich vorwärts treiben,

doch meine Leistung soll dagegen gründlich bleiben.

UNGEDULDIGER

Vielleicht bist du sehr wohl auf deine Art perfekt,

doch alle Achtung, Frau: Du hast es gut versteckt!

SELBSTVERLEUGNERIN

Ich streng mich an, wohl wahr, doch reicht mein Können nie.

Man sagt, ich soll mich trauen, bloß: Ich weiß nicht wie.

UNGEDULDIGER

Ich rate dir vor allem nicht so viel zu denken.

Ich tue, was ich will, und muss mich nicht verrenken.

Gedanken halten auf, Kritik bringt nicht voran.

Und seh', wie viel ich auf die Schnelle kann.

SELBSTVERLEUGNERIN

Du rennst allein, das seh ich wohl, in dein Verderben.

Bedenke doch, wer schneller lebt, wird früher sterben.

Tatsächlich schaffst du viel, doch wie viel davon hält?

Ob das, was rasch gebaut, nicht rasch zusammenfällt?

UNGEDULDIGER

Mich kümmert nicht das Ziel, ich möchte nur das Rennen.

Was einmal wird vielleicht, wer kann das schon erkennen?

Auch deine Leistung, trotz gerühmter Gründlichkeit,

ist keineswegs von Dauer, unterliegt der Zeit.

SELBSTVERLEUGNERIN

Gelingt perfektes Werk, verschafft es einem Frieden.

Bis jetzt jedoch hat mich ein solches Glück gemieden...

UNGEDULDIGER

...und wird es weiter tun, das bloße Hirngespinst!

Du zahlst nur immer drauf und glaubst, dass du gewinnst.

Vollendet war noch nie ein Werk, das kannst' vergessen!

Du bist, das zeigt dein Eifer, insgeheim vermessen.

SELBSTVERLEUGNERIN

Dass ausgerechnet du mir sprichst vom Größenwahn!

Du machst ja, wo du kannst, dir alle untertan

und überfährst sie egomanisch. Lass dich heilen!

Beschränke dich und lerne bei dir selbst verweilen!

Es stimmt, ich wäre tief im Innern gern perfekt.

Ich stell' mir vor, da ich nicht weiß, was in mir steckt.

Wie du jedoch muss ich mich selbst nicht panisch meiden

und traue mich allein an meiner Not zu leiden.

UNGEDULDIGER

Bescheiden willst du sein, doch Stolz ist, was ich seh'.

Du bist nicht fein, dir fehlt bloß Mut, wie ich's versteh'.

SELBSTVERLEUGNERIN

Das stimmt, von deiner Tapferkeit kann ich nur träumen,

beherzt wie du mich vorzuwagen, nie zu säumen.

Mich plagten keine Sorgen, ich wäre mir genug,

genösse unbeschwert der Tatkraft Höhenflug...

UNGEDULDIGER

... und kämest nie zur Ruhe! – Nennst du das Genießen?

Dein kühnes Drängen würde Viele bloß verdrießen.

Denn wer sich traut und führt, der stößt auf Gegenwehr.

Zu nehmen nicht, – das Feld zu räumen fällt ihm schwer.

Und unaufhörlich rennt er, sucht die Zeit zu schlagen

Du siehst den Macher zwar, doch nicht sein Unbehagen.

SELBSTVERLEUGNERIN

Ich schlage vor, mein Freund, wir schließen einen Bund.

Du läufst und hebst nicht ab, ich liefer' dir den Grund.

Denn meine Gleichmut würde dir die Seele erden.

Die Ruhe, die mir ward, sie könnte deine werden.

UNGEDULDIGER

Ich lass mir also Zeit und übe Toleranz.

Und du? Was brächte dir denn diese Allianz?

SELBSTVERLEUGNERIN

Ich hätte endlich Raum, erfüllte meine Größe

und schlüge ich mal fehl, ich gäbe mir die Blöße.

Gelassen bin ich, selig, nimmt mich einer an

und nimmt mir ab den Trug, dass ich zu wenig kann.

SELBSTSABOTEUR

Ich seh', dir geht es gut, du strahlst gar sonnengleich.

Dein Licht wird Viele freuen, wärmen wie erhellen.

MÄRTYRER

Und selbst? Wie fühlst du dich? Du scheinst mir etwas bleich.

Und ganz allein, mag keiner sich zu dir gesellen?

SELBSTSABOTEUR

Ich will es so; enttäuscht ward ich bereits genug.

Es gab mal einen Freund, der hat mich hintergangen.

MÄRTYRER

Nicht jede Freundschaft aber endet in Betrug.

Erfass' das Neue, bleib im Damals nicht gefangen.

SELBSTSABOTEUR

Die Narben alter Wunden, keiner wird sie los.

Nur wer sein Leid vergisst, mag kurze Zeit sich freuen.

MÄRTYRER

Ich bitte dich, du redest wie ein Trauerkloß.

Der Frühling ruft, lass dich vom Blütenmeer zerstreuen!

SELBSTSABOTEUR

Ist Schönheit so vergänglich – ach, wie groß die Qual!

Ich blühte einmal selbst, daraus ist nichts entstanden.

MÄRTYRER

Gewiss verläuft das Leben niemals ideal.

In jedem Tag jedoch ist etwas Glück vorhanden.

SELBSTSABOTEUR

Das Glück ist bloß ein Traum, für den man teuer zahlt.

Man wacht bald auf und sieht sich durch und durch betrogen.

MÄRTYRER

Du musst gestehn, zu schwarz ist dieses Bild gemalt.

Wer offen ist, dem kommt Fortuna zugeflogen.

SELBSTSABOTEUR

…

MÄRTYRER

Du sagst nichts mehr, verzeih', ich hab dich wohl gekränkt.

Wie ungeschickt, ich wollte dich doch bloß erheitern.

SELBSTSABOTEUR

Begreife, ich bekam im Leben nichts geschenkt!

Du wolltest lichten mein Gemüt, das musste scheitern.

MÄRTYRER

Ich wollte helfen, bloß es fehlte mir an Takt.

So sprich, was kann ich tun, es wieder gutzumachen.

SELBSTSABOTEUR

Das Los hat mich mit Leid und Not zu voll bepackt.

Auch du an meiner Stelle hättest nichts zu lachen.

MÄRTYRER

Dann koch' ich dir doch einen Tee, der wärmt's Gemüt.

Der Duft allein schon wird uns diesen Tag verschönen.

SELBSTSABOTEUR

Das lass bloß sein, ich hab mich neulich schlimm verbrüht!

Es scheint, sogar die Tassen wollen mich verhöhnen.

MÄRTYRER

Wie wär's mit frischer Luft? Besuchen wir den Park!

Denn stell' dir vor, man sieht im See die ersten Schwäne!

SELBSTSABOTEUR

Das mut' ich mir nicht zu, der Wind ist mir zu stark

und davon kriege ich mit Sicherheit Migräne.

MÄRTYRER

Ins Kino dann, zwei Karten wurden mir geschenkt!

Der Film soll lustig sein, der würde dir gefallen.

SELBSTSABOTEUR

Verschone mich, man sitzt ja dort zu dicht gedrängt!

Und ständig müssen die den Saal so laut beschallen.

MÄRTYRER

Dann steigen wir ins Auto, fahren einfach los.

Der Kopf wird frei, du schaffst es locker abzuschalten.

SELBSTSABOTEUR

O nein, zuletzt bekam ich diesen Nackenstoß!

Ein Kind war losgerannt und zwang dich anzuhalten.

MÄRTYRER

Ich glaub' ich weiß, was deine müde Seele braucht:

Ein heißes Bad erfrischt und weckt zu neuem Leben.

SELBSTSABOTEUR

Ich hab mir badend mal ganz blöd den Fuß verstaucht,

und konnte bloß mit Müh' mich aus der Wanne heben.

MÄRTYRER

Na gut, dann lehne dich zurück, ich lies dir vor.

Mal sehn, ob wir den Krimi-Mordfall heute knacken.

SELBSTSABOTEUR

Du weißt, das bin ich gern, so zugeneigt, ganz Ohr.

Doch diesmal leider nicht, mir schmerzt brutal der Nacken.

MÄRTYRER

Mal ehrlich, mir wird langsam klar, du brauchst mich nicht.

Ich will dir Gutes tun, du scheinst es nicht zu wollen.

SELBSTSABOTEUR

Mir schien, du warst aufs Helfen immer selbst erpicht.

Wieso soll ich Respekt und Dank dir dafür zollen?

MÄRTYRER

Du achtest mich gering, doch diente ich stets treu

und gab dir meine Zeit, das solltest du doch schätzen.

SELBSTSABOTEUR

So so, geopfert hast du dich, das ist mir neu.

Ich dachte stets, du kommst und möchtest bloß mal schwätzen.

MÄRTYRER

Ich gab mich hin, du hast es nicht einmal gemerkt.

und meintest wohl, des Dummen Güte muss man nützen.

SELBSTSABOTEUR

Du wolltest wichtig sein, ich hab dich drin bestärkt.

Ich gab mich schwach, so konntest du mich unterstützen.

MÄRTYRER

Ach, gnädig warst du bloß, ich schulde dir wohl Dank?

Dein Stöhnen, glaub mir, wird mich weiter nicht verwirren.

SELBSTSABOTEUR

Es geht mir schlecht und was bringst du? Nur Streit und Zank!

Ich dachte, du wärst hilfsbereit, – und seh' mich irren.

MÄRTYRER

Mag sein, du leidest sehr; nicht ich bin Schuld daran.

Nicht weiter wirst du mein Gewissen mehr belasten.

SELBSTSABOTEUR

Die Demut trügt, du bist statt Knecht vielmehr Tyrann.

Und setzt du dich nicht durch, beginnst du auszurasten.

MÄRTYRER

Genug damit, mir scheint es besser, dass ich geh'.

Du willst es so und darfst ab jetzt alleine leiden.

SELBSTSABOTEUR

Du schimpfst, doch deine Ächtung tut am meisten weh.

Ich hab zu dulden, dass mich auch die Lieben meiden.

MÄRTYRER

Was kann ich tun, da doch dein Kummer mich erweicht.

Den andren helfen bleibt für mich der Sinn des Lebens.

Ich habe dich gelehrt, wie weit dein Gutes reicht.

Mein Unterricht, so hoff' ich nun, war nicht vergebens.

SELBSTSABOTEUR

Es wimmelt durcheinander, treibt voran, pulsiert

und überwältigt, wenn man's nicht mehr kontrolliert:

Des Lebens Ströme drohen einen fortzuschwemmen,

beständig muss man sich dagegen stemmen.

GIERIGER

Wieso verweigerst du dich deiner Energie

und fürchtest, wo sie lässig fließt, gleich Anarchie?

SELBSTSABOTEUR

Zu launisch zeigt sich Hochgefühl und kaum zu lenken.

Ich weiß, man muss der Freude Flüchtigkeit beschränken.

Denn wer vom süßen Frohsinn bloß ein wenig nascht,

wird bald vom bösen Ende böse überrascht.

Da pass' ich lieber auf und lass' mich niemals blenden,

behalte alle Tage fest das Heft in Händen.

GIERIGER

Besinne dich, bemerke deinen Widerspruch!

Du hältst zu fest, da geht die Stimmung schnell zu Bruch.

Was bringt es dir gefühlt am Hungertuch zu nagen,

des Lebens reiche Freuden gar nicht erst zu wagen?

SELBSTSABOTEUR

Ich weiß schon, du willst immer haben, immer mehr.

Doch musst du dann verzichten, fällt's dir höllisch schwer.

Ich halte mich zurück; wer mag, soll Glück erstreben.

„Genieße!" drängt die Welt, ich will mich nicht ergeben.

Verlockt die Lust, ich rate, dass du Abstand wahrst

und dir enttäuschungsschwere Bitternis ersparst.

Nur scheinbar wollen deine Sinne dich beglücken.

Wer Ruhe will, muss seine Triebe unterdrücken.

GIERIGER

Dein Weltbild, wie mir scheint, ist völlig aus dem Lot.

Was dich am Leben freut, ist letztlich nur der Tod.

SELBSTSABOTEUR

Ich seh, du willst an Gütern unbeschwert dich freuen

und wirst dein Wollen doch noch bitterlich bereuen.

Du tänzelst wirklich ahnungslos auf dünnem Eis.

Bedenke: Letztlich zahlst du einen hohen Preis!

GIERIGER

Na und? Das Ende lässt sich nun mal nicht vermeiden.

Wieso soll ich bis dahin auch noch Hunger leiden?

Natürlich, mit dem Tode wendet sich das Blatt.

Doch du, mein Freund, hast jetzt bereits das Leben satt.

Ich will genießen ja, je mehr noch umso besser.

und bin statt Alleshasser lieber Allesfresser.

Gereicht Verzicht indessen dir zum Seelenheil,

ich hätte dafür gerne auch noch deinen Teil.

SELBSTSABOTEUR

Was ich bewusst verschmähe, dir soll's nicht gehören.

Ich werde es, noch eh es dich beglückt, zerstören.

GIERIGER

Es reicht, wenn du anstatt zu leben lieber stirbst.

Was treibt dich an, dass du auch mir den Spaß verdirbst?

Ein Griesgram meidet Freude, will sich nicht dran laben.

Doch warum soll kein andrer Lust und Wonne haben?

SELBSTSABOTEUR

Des Schicksals Laune ist, worauf dein Glück beruht.

Und läuft's mal rund, sag ich dir gleich, das geht nicht gut.

Vom Leben soll man wenig wollen, nichts erwarten.

Du lässt dich ein, schon droht's in Wollust auszuarten.

Erkennst du nicht, wie leicht Verlust dein Glück zerstört?

Vollkommen sicher nur ist der, dem nichts gehört.

GIERIGER

Wenn das mich schützen soll, kann ich darauf verzichten.

Ich hab nur dieses Glück, warum es gleich vernichten?

SELBSTSABOTEUR

Du machst es dir zu leicht, mich stört dein Überfluss.

Das maßlos Viele macht, dass ich entsagen muss.

Ich seh' dich Wert und Gut gedankenlos verschwenden

und frage mich: Wo führt das hin, wo soll das enden?

GIERIGER

Ich gebe zu, das hab ich selbst mich oft gefragt,

da mir mein Hunger auch nicht immer nur behagt.

Ich spüre meine Habsucht dann mich schwer belasten

und suche mich zu lösen, möchte maßlos fasten.

Doch bald darauf schon werde ich vom Geiz bedrängt

und hätte gern zurück, was ich soeben noch verschenkt.

Du siehst, ich weiß sehr wohl, vergänglich sind die Freuden.

Doch leb' ich gern, will keine Zeit mit Groll vergeuden.

SELBSTSABOTEUR

Schon klar, mein Freund, du schießt zu häufig übers Ziel

und leidest schwelgend unter einem allzu Viel.

Du suchst Genuss, der bleibt, du solltest dich bescheiden.

denn findest du dein Maß, ich werde dir nichts neiden.

GIERIGER

Das könnte reichen, etwas aber fehlt dabei.

SELBSTSABOTEUR

Du willst noch mehr? Ich rate: Mach dich davon frei!

GIERIGER

O nein! Ich kann auf meine Habe mich besinnen.

Nur frag' ich mich: Was wirst denn du dabei gewinnen?

Ich halte ein und trachte nach dem rechten Maß.

Doch findest du auf Grund davon zu deinem Spaß?

SELBSTSABOTEUR

Ich kann mich leichter, seh ich dich nicht länger prassen,

den eitlen Sinnesfreuden auch mal überlassen.

Zwar lass ich mich nicht gehen, zumindest nicht sehr weit.

Doch stimmt der Preis, bin ich zum Spaß durchaus bereit.

Dir bleibt das Habenwollen weiter unbenommen

Sei moderat jedoch, dass wir uns näher kommen!

GIERIGER

Sind Ängste ihrem Wesen nach statt rund extrem,

wird minder hin zur Mitte unser Grundproblem.

UNGEDULDIGER

Ich fühl' seit Tagen schon mich seltsam abgeschlafft.

Mein Kopf ist wie betäubt und schwer sind mir die Glieder.

Versteh' mich selber nicht, hab' sonst viel Schwung und Kraft

und lieg' nun antriebsarm, ja regungslos danieder.

SELBSTSABOTEUR

Ich sehe dein Problem, es fehlt dir Disziplin.

Die Muße führt zu Muskelschwund; du musst dich wehren.

Für dich wär' Zucht und Tat die beste Medizin.

Allein wer Lust bekämpft, wird seine Kräfte mehren.

UNGEDULDIGER

Du denkst an dich, für mich ist das der falsche Rat.

Denn wär' ich faul, es gelte wohl mich aufzuraffen.

Doch meistens bin ich schnell, ist nichts zu tun mir fad.

Ich presche immer vor und seh' mich nun erschlaffen.

SELBSTSABOTEUR

Na jedenfalls ist klar, dass nichts ist, wie es soll.

Woran das liegt, das würde ich mich schon mal fragen.

Du siegst doch sonst in Dur und scheiterst jetzt in Moll.

Wie willst du diesem neuen Umstand Rechnung tragen?

UNGEDULDIGER

Man könnte meinen fast, dich freut mein fremder Frust.

Denn meine Schlappe wahrlich, scheint dir Recht zu geben.

Du grinst mich an und kommentierst mein Leid mit Lust.

Trotz Not und Pein jedoch – es lohnt sich ganz zu leben.

SELBSTSABOTEUR

Du weißt ja selbst, ich hab's dir klar genug gesagt.

Ich sah dich rasen wie vom Temporausch benommen.

Dein kühnes Drängen, mir war's immer zu gewagt.

Ich wusste gleich, du würdest jäh zum Absturz kommen.

UNGEDULDIGER

Mag sein, ich lebte rasch und zahle jetzt den Preis.

Wieso soll ich, was ich getan, deshalb bereuen?

Ich sparte Zeit und tat's mit Macht und Fleiß.

Man sah mich niemals auch den größten Aufwand scheuen.

S SELBSTSABOTEUR

Na wunderbar! Was hat der Stress dir denn gebracht?

Dahin ist deine Kraft, das kannst du nicht bestreiten.

Als müder Wurm wirst du vom Schicksal bloß verlacht.

Du herrscht nicht mehr, geändert haben sich die Zeiten.

UNGEDULDIGER

So spielt das Leben oft, man lenkt und wird gelenkt.

Der Freie aber sieht sich stets vom Sinn getragen.

Er kann entscheiden zwar, nur selten, wie er denkt.

Und manchmal bleibt ihm nur – die Ohnmacht noch zu wagen.

SELBSTSABOTEUR

Wir sehn in allem Sinn, denn so sind wir gestrickt.

Es hilft uns gar in Qual und Pein noch durchzuhalten.

Du spürst ja, wie der Not Bedeutung dich erquickt.

Was du als Sinn gegeben siehst, sind Hirngestalten.

UNGEDULDIGER

Ich denk', das ist egal, was wirkt ist wirklich nur.

So skeptisch wie du bist, hast du mein Los gelichtet.

Mein Wesen kommt real zurück in seine Spur,

erkennt und sieht sich selbst zutiefst der Zeit verpflichtet.

SELBSTSABOTEUR

Das wundert mich, ich tat das Gute ungewollt.

Ich schlug nach Masken bloß und wünschte sie in Scherben.

Das unbeschwerte Leben, mir war's niemals hold.

Und sah ich je ein Spiel, ich musste es verderben.

UNGEDULDIGER

Doch schau: Wer länger einmal ruht, hat nichts verpasst.

Das lehrten mich die Tage tatenlosen Lebens.

Denn lässt man los, das Dasein bleibt doch eingefasst.

Erlaube dir ein Lächeln, gräm' dich nicht vergebens!

SELBSTSABOTEUR

Gelähmt und ohne Kraft erscheinst du mir wie tot.

Und doch, ich hör' es wohl, du denkst und redest wahrer.

Ich hätt' sie gerne auch, die Ruhe in der Not.

Denn wär' ich frei von Furcht, ich sähe endlich klarer.

UNGEDULDIGER

Bekämpf' nicht deine Angst, sie wächst daran, wird groß.

Versuch dich, wie du nun mal bist, auch sein zu lassen.

Und siehst du Freude skeptisch – Trag' es als dein Los!

Die Furcht hat schon gesiegt, wenn wir uns selber hassen.

SELBSTSABOTEUR

Du warst wie weg, mir scheint, du bist jetzt wieder da.

Erstaunlich schnell kamst du aus deinem Loch gekrochen.

Erweckt hat dich das Wort, ich weiß nicht, wie's geschah,

und insbesondre jenes, das du selbst gesprochen.

UNGEDULDIGER

Es stimmt, ich fühle mich zu Taten neu gedrängt.

Doch dir gelang es mich aus meinem Tief zu heben.

Ich sah ja deine Freude immer eingeengt.

Da war mir klar: In vollen Zügen will ich Leben!

SELBSTSABOTEUR

Schon gehst du fort. Für mein Problem bleibt keine Zeit.

Ich möcht' nicht länger, glaub mir, jeden Frohsinn dämpfen.

Sich neu erfinden, leichter geht's bestimmt zu zweit.

Ich darf's nicht selbst, doch könntest du mein Leid bekämpfen.

UNGEDULDIGER

Dann laufe los mit mir, erlebe deine Kraft!

Des Blutes Wahrheit bloß kann dich mit dir versöhnen.

Der Glieder Wärme löst die Freude aus der Haft.

Und dir bleibt kaum die Zeit der Nörgelei zu frönen.

SELBSTSABOTEUR

Es sollte jemand mit, vielleicht, der dich begrenzt.

Du kannst dein Wesen ja nicht unbeschränkt entfalten.

Ich prüfe gern und schau, dass du dich nicht verrennst

und hoff, ich schaff's, das Tempo auch zu halten.

MÄRTYRER

Du weißt, ich hab es wirklich lange abgewehrt,

doch nun hat mich die Firma öffentlich geehrt.

GIERIGER

Wie schön! Gewiss hast du die Ehrung angenommen.

Ich hätte einen solchen Bonus gern bekommen.

MÄRTYRER

Man holte mich dazu und bald schon ging's voran.

Ich brachte die Geschäfte schnell auf Vordermann.

GIERIGER

Ich weiß die Lage damals richtig einzuschätzen.

Du hattest dich doch nur ins warme Nest zu setzen.

MÄRTYRER

Es hieß: Der Laden habe keine Zukunft mehr.

Die Auftragsbücher, weißt du, waren praktisch leer.

GIERIGER

Ein jeder hat zu tun, so ist das heute eben.

Bedenke wohl, auch andre haben viel gegeben!

MÄRTYRER

Der Expandierung fehlte jegliches Konzept.

Sanieren musste ich, das hatte man verschleppt.

GIERIGER

Ich frage mich, wird mir dereinst die Rente reichen.

Man glaubt es kaum, wie munter die uns Rechte streichen.

MÄRTYRER

Enorm war meine Arbeit heuer in der Tat.

Man sieht jedoch, dass aufgeht meiner Leistung Saat.

GIERIGER

Erfolg kann ich so was noch überhaupt nicht nennen.

An deinen Früchten erst wirst du dich selbst erkennen.

MÄRTYRER

Ich zog den Karren aus dem Dreck mit Mut und Sinn

und machte schließlich statt Verlust Rekordgewinn.

GIERIGER

Die Miete aber steigt, wer kann sie noch bezahlen?

Die Lasten drücken schwer, die Not bereitet Qualen.

MÄRTYRER

Auch heute schufte ich noch täglich pausenlos,

denn tät' ich's nicht, so viele wären arbeitslos.

GIERIGER

Du meinst, du musst das tun, ich will dich nicht dran hindern.

Nur sehe ich bestürzt des Geldes Wert sich mindern.

MÄRTYRER

Ich hab mich früh für Mindestlöhne stark gemacht

und damit an den Kleinen Mann sehr wohl gedacht.

GIERIGER

Das bisschen mehr jedoch wird leider nicht genügen.

Den Mangel seh ich klar, da kann kein Schein mich trügen.

MÄRTYRER

Geleistet hab ich häufig ohne Rast und Ruh.

Ich denk', ein wenig Anerkennung steht mir zu.

GIERIGER

Ob dich die Arbeitgeber schonen oder schinden,

ich weiß zu wenig, kann darüber kaum befinden.

MÄRTYRER

Du siehst ja, wie der Stress an meinen Kräften zehrt.

Und doch bleibt mir dafür das kleinste Lob verwehrt.

GIERIGER

Du hältst dich selbst doch eh bereits für hoch gehoben.

Was soll ich dich daneben auch noch groß beloben?

MÄRTYRER

Du gönnst mir keine Ehrung, ich merk', wie's mich verletzt.

Ich leiste viel und finde, das gehört geschätzt.

GIERIGER

Was willst du bloß, mir selbst wird immerzu genommen.

Wer denkt an mich, ich möchte auch mal was bekommen.

MÄRTYRER

Ich bitte dich, mein Freund, du stehst in Lohn und Brot,

verdienst auch gar nicht schlecht, ich sehe keine Not.

GIERIGER

Ich kauf' mir selten Neues, halte mich am Schlichten.

Doch was das Herz erfreut, ich muss darauf verzichten.

MÄRTYRER

Was dir zu fehlen scheint, du hast es doch bereits.

Nicht Mangel leidest du – dich plagt vor allem Geiz.

GIERIGER

Und du? Du suchst dich selbst als Held zu inszenieren.

Ich bin nicht dazu da, dir stets zu applaudieren.

MÄRTYRER

Auch wenn der Macher seinen Wert zu sehr betont,

fürs Ganze hat sich seine Tat durchaus gelohnt.

GIERIGER

Der Schein der guten Tat hat oftmals schon getrogen.

Entscheidend ist, was hat dich innerlich bewogen.

MÄRTYRER

Am Ende ist egal, wie groß des Täters Wahn,

es zählt doch nur das Große, welches er getan.

GIERIGER

Na bitte, dir genügt es doch dich selbst zu preisen!

Was soll denn ich dich da noch ehrfurchtsvoll umkreisen?

MÄRTYRER

Man lobt sich selber zwar, doch glauben kann man's nicht,

ganz anders freilich, wenn das Lob ein Fremder spricht.

GIERIGER

Na jedenfalls, es lohnt sich Altes aufzuheben.

Geschenkt – so viel ist klar – bekommt man nichts im Leben.

MÄRTYRER

Zumindest nicht von dir, das hab ich wohl gemerkt.

Du hast mit keinem Wort mein Ehrgefühl gestärkt.

GIERIGER

Nicht gerne geb' ich etwas her, es muss sich lohnen.

Ich habe eh zu wenig, muss die Reste schonen.

MÄRTYRER

Du irrst! Was Freude macht, das gibt man lohnend her.

Die Liebe beispielsweise wird durchs Geben mehr.

GIERIGER

Die Liebe, ha! Die lässt mich ganz besonders darben.

Zu viele gibt es, die vergeblich um sie warben.

MÄRTYRER

Wer opfern kann – kapier es doch! – ist liebend nur.

Wer Mangel fühlt, dem rate ich zur Gebe-Kur.

GIERIGER

Du stehst gewiss dir selbst als Bild dabei vor Augen.

Für mich scheint diese Opfermasche nicht zu taugen.

MÄRTYRER

Mir scheint, das Habenwollen hat dich abgelenkt.

Ein jeder findet Glück nur, wo er gibt und schenkt.

GIERIGER

So glücklich rundherum willst du mir nicht erscheinen.

Wer so viel gibt, muss seinen Eigenwert verneinen.

MÄRTYRER

Es geht nicht an, dass ich mir selbst den Wert verleih'.

GIERIGER

Schon klar, viel lieber redest du ihn dir herbei.

MÄRTYRER

Umsonst gibt's keinen Wert, man muss ihn hart erringen.

GIERIGER

Man schätzt sich wenn, dann selbst, das kann man nicht

erzwingen.

MÄRTYRER

Wer hätte das gedacht, dass mich der Geiz belehrt,

wem Achtung fehlt, der hat sie bloß sich selbst verwehrt?

GIERIGER

Als erstes muss ein jeder für sich selber sorgen.

Denn das ist klar: Du kannst dir Selbstrespekt nicht borgen.

MÄRTYRER

Ich hab's kapiert, geschickt hast du das angestellt:

Egal, was man mir sagt, ich sehe mich als Held.

GIERIGER

Und feierst du dich selbst, ich kann mich mit dir freuen.

Schätzt du die Gabe, werde ich sie nicht bereuen.

MÄRTYRER

Du bist so still, wie kann ich dir zu Diensten sein?

Mir scheint, du leidest, worin gründet deine Pein?

Dich drückt ein ungerechtes Los, ich kann's nicht dulden.

Lass mich es tragen, sicher war es mein Verschulden!

HOCHMÜTIGER

Ich fürchte, kaum wirst du erfassen, wer ich bin,

noch je erahnen meiner Leiden tiefen Sinn.

Du meinst, du kannst mit deiner Schuld nicht leben?

Ich kenn sie nicht, doch gern will ich sie dir vergeben.

MÄRTYRER

Tatsächlich siehst du nicht, was mich bewegt, – egal!

Nur lass mich leiden, still ertragen deine Qual!

Denn meine Schuld bin ich, du kannst sie nicht entfernen.

Belaste mich und sieh, du wirst sie schätzen lernen!

HOCHMÜTIGER

Da ahnst du leider nicht das Wesen meiner Bürde.

Dein ungewolltes Opfer nähme mir die Würde.

Ich leide an der Welt, die Last des feinen Geistes.

Empfindlich bin ich sehr, ich glaube nicht, du weißt es.

MÄRTYRER

Jetzt hab ich dich verletzt, verzeih, das wollt' ich nicht.

Es wieder gut zu machen ist mir nunmehr Pflicht.

Doch sieh dich vor nicht meine Sühne zu verachten!

Als heldenhaftes Opfer sollst du sie betrachten.

HOCHMÜTIGER

Ich fasse nicht, dass du dich stets für schuldig hältst,

aus freien Stücken wie ein Wurm am Boden wälzt.

Mir reicht es, dass die Rohen unentwegt mich kränken,

Ich würd' mich nie vor ihnen in den Unrat senken.

MÄRTYRER

Und tritt man mich mit Füßen immerzu, was soll's.

Ich bin ein Krieger, Schmerz erleiden macht mich stolz.

Gewiss man kann der bösen, harten Welt entsagen.

Wer Mut hat aber, traut sich ihre Qual zu tragen.

HOCHMÜTIGER

Du kannst es wohl nicht lassen, wirfst dich gerne hin.

Doch täusch dich nicht, du tust es durchaus mit Gewinn.

Du machst dich vor den andern kleiner als das Kleinste

wahrscheinlich glaubst du selbst, du bist der Reinste.

MÄRTYRER

Ich flüchte nur nicht ängstlich mich in einen Turm.

und streiche gleich die Segel beim geringsten Sturm.

Ein jeder muss mit seinem Leib am Dasein leiden,

Es kann sich keiner gegen seine Schuld entscheiden.

HOCHMÜTIGER

Sensibel wie ich bin, ertrage ich genug.

An mir geht nicht vorbei des Schicksals bittren Krug.

Nur kann ich nichts dafür, wenn Hinz und Kunz mir schaden.

Wieso soll ich mich reuevoll in Demut baden?

MÄRTYRER

Bewundernd stell' ich fest, du stehst zu deinem Wert.

Er ist der Glaubenssatz, der dich dort droben nährt.

Doch warum musst du darin noch dich übersteigern,

den andern ihren Wert gar dünkelhaft verweigern?

HOCHMÜTIGER

Du hältst es aus, gar lang zu schultern Last und Leid.

Doch mich bezwingt der Schmerz bereits nach kurzer Zeit.

Drum halt' ich stets mich fern und lass mich nicht verletzten

von denen, die mein reines Licht geringer schätzen.

MÄRTYRER

Du siehst ja selbst, man leidet auch, wenn man sich wehrt.

Wer Schmerzen meidet, bleibt deshalb nicht unversehrt.

Du kannst jedoch gefahrlos deinen Turm verlassen,

denn ich versprech' dir nunmehr auf dich aufzupassen.

HOCHMÜTIGER

Ich gebe zu, mir täte deine Obhut gut,

ein leidgeprüfter Freund mit festem Stand und Mut.

Ich könnte dir zum Dank Respekt und Achtung zeigen.

Das brächte endlich mal dein Richterselbst zum Schweigen.

MÄRTYRER

Mich dünkt, dass solche Hilfe mir tatsächlich nützt,

und stärker wird, wer stolz und selbstbestimmt beschützt.

Gehorchte ich fortan der Stimme meines Herzen,

mein Selbstwert würde diese Hörigkeit verschmerzen.

HOCHMÜTIGER

Ich lass dich tüchtig, du dafür mich besser sein.

Indessen werde ich nun langsam allgemein.

Dir selbst musst du dagegen nichts mehr schuldig bleiben,

kannst deinen Wert dem Wertgefühle einverleiben.

GIERIGER

Gefühlter Mangel ist es, der mich ständig treibt.

Ich kriege kaum genug und möchte nichts verpassen.

STARRSINNIGER

Mir reicht zwar, was ich hab, nur will ich, dass es bleibt.

Und was vertraut und nah ist, darf mich nicht verlassen.

GIERIGER

Ich ginge fort, bekäme ich woanders mehr,

ganz gleich wie groß das Maß, es kann mir kaum genügen.

STARRSINNIGER

So füllst du dich die ganze Zeit und bleibst doch leer.

Wie lange noch willst du dich maßlos selbst belügen?

GIERIGER

Ich hab zwar viel bereits, doch mehr noch steht mir zu.

Mein Recht auf Fülle lass ich mir nicht stehlen.

STARRSINNIGER

Doch findest du begehrend niemals deine Ruh.

Behältst du eisern, was du hast, wird dir nichts fehlen!

GIERIGER

Die Welt hat viel zu bieten, stets betörend neu.

Wer all das kosten will, dem muss danach gelüsten.

STARRSINNIGER

Genau deshalb bleib ich dem Altbewährten treu:

Man muss sich ja für alle Wechselfälle rüsten.

GIERIGER

Das Angehäufte lastet bloß, wird fahl, zerfällt.

Verzehren müssen wir, verdauen, separieren.

STARRSINNIGER

Von Wert ist nur, was trotz des Wandels sich erhält.

Wer krallt und hortet, wird das Leben kontrollieren.

GIERIGER

Du irrst dich sehr, beherrschen kannst du keinen Fluss.

Zu saftig neuen Ufern lass dich doch mal tragen!

STARRSINNIGER

Egal wohin, der Wandel macht mir stets Verdruss.

Zu lockern meinen festen Griff, ich will's nicht wagen.

GIERIGER

So muss ich weiter, fühle mich hier eingesperrt.

Ist sicher zwar Bewahrtes, fehlt ihm doch das Leben.

STARRSINNIGER

Dein Hunger hat dir, wie es scheint, die Sicht verzerrt.

Was kann man außer Sicherheit denn sonst erstreben?

GIERIGER

Die Frage zeigt bereits, du hältst dich selbst in Haft.

Denn dort im Kerker, glaubst du, kann dir nichts passieren.

STARRSINNIGER

Bringt Freiheit Qual, ist lieb mir schon Gefangenschaft.

Zumindest seine Ketten kann man nicht verlieren.

GIERIGER

Verlasse dein Verlies, du fügst dir Schmerzen zu.

Komm mit und lass dich von der Vielfalt überraschen!

STARRSINNIGER

Vom Kopf her zwar versteh ich das genau wie du.

Doch werde ich die Welt spontan wohl nie erhaschen.

GIERIGER

Dann gehe ich voraus und du bleibst hier zurück.

Ich trinke triebhaft Welt, du kannst dich ihr enthalten.

STARRSINNIGER

Und bringst du her, was du erhältst, ich bin im Glück.

Getreu zu deinem Wohl will ich es stets verwalten.

GIERIGER

Verwahren kannst du, wie du willst, wenn dir das reicht.

Bedenke allerdings: Ich will mich nicht beschränken.

STARRSINNIGER

Wer weiß: Als Sammler wirst du endlich satt vielleicht

und kannst gesättigt gar mal was verschenken.

GIERIGER

Erfährst du deinerseits, dass Wandlung Gutes bringt,

so merkst du sicher auch, du könntest dich entspannen.

STARRSINNIGER

Wer weiß, ob mir Gelassensein so leicht gelingt,

denn Sorge kann ich schlecht aus meiner Brust verbannen.

GIERIGER

Es reicht, wenn du nur das, was kommt, geschehen lässt.

So ganz gelassen nämlich bin auch ich mitnichten.

STARRSINNIGER

Verstehe! Du verschlingst die Welt, mir bleibt der Rest.

und nimmst du, was du brauchst, soll ich darauf verzichten.

GIERIGER

Du bist ein treues Herz, was macht dich aggressiv?

Gewähr ist was du brauchst, die kann ich garantieren.

STARRSINNIGER

Dein Appetit macht Angst, bedroht mich exzessiv.

Schon fasst mich Futterneid und lässt mich heftig gieren.

GIERIGER

Gewollt hab ich das nicht und doch in dir geweckt.

Nun fühlst du so wie ich, was will mir das wohl sagen?

STARRSINNIGER

Die Angst, die dich bedrängt, hat meine angesteckt.

Nun musst du deines Hungers Gründe hinterfragen.

GIERIGER

Dann prüfe selbst, weshalb du dich in Welt verbeißt!

Mir scheint, dein fester Biss macht mich gefährlich lose.

STARRSINNIGER

Du meinst durch mein Gehemmtsein wirst du dreist?

Und wenn, was lehrt uns diese kühne Diagnose?

GIERIGER

Das heißt, ich nutz dir nur, sofern ich selbst mich seh'

und umgekehrt musst du mir ohne Einsicht schaden.

STARRSINNIGER

Egal was mich bewegt, es hilft wenn ich's versteh.

und tu ich's nicht, verlier' ich bald des Sinnes Faden.

GIERIGER

Das hast du gut gesagt, so streng gefasst und klar.

Nun sind wir beide um ein schönes Wissen reicher

STARRSINNIGER

Und praktisch macht es uns zum reziproken Paar.

Wenn du dich mäßigst, werde ich am Ende weicher.

STARRSINNIGER

Du möchtest reden, gern, ich hab ein bisschen Zeit,

doch komm mir nicht zu nah, das kann ich nicht ertragen.

HOCHMÜTIGER

Du scheinst mir heut so fern; ich bin dir doch nicht leid?

Hab ich was falsch gemacht, du kannst es mir schon sagen.

STARRSINNIGER

Ich brauche Luft zum Atmen, jede Menge Platz

und geh allein voran, das musst du akzeptieren.

HOCHMÜTIGER

Es könnte niemals anders sein, du bist mein Schatz,

Ich pass' mich stets dir an, will dich ja nicht verlieren.

STARRSINNIGER

Du sollst nicht an mir kleben, gehe deinen Weg!

Befreundet sein, das heißt, ein jeder macht das seine.

HOCHMÜTIGER

Ich folge dir, ich dacht' es wär' mein Privileg.

Du brauchst Gespür und Schutz, ich lass dich nicht alleine.

STARRSINNIGER

Nicht mich, so viel ist klar, dich selbst hast du gespürt.

Denn wohl bin ich imstande, auf mich aufzupassen.

HOCHMÜTIGER

Dir selbst genug zu sein, du siehst, wozu das führt:

Allein am Ende, mehr geflüchtet als verlassen.

STARRSINNIGER

Woran man mit den andern ist, das weiß man nie.

Drum mach' ich alles selbst und bleibe ungebunden.

HOCHMÜTIGER

Was heißt hier „man"? Bin ich für dich bloß Theorie?

Vertrau' der Dinge Lauf, du wirst daran gesunden!

STARRSINNIGER

Von selbst geschieht zwar viel, nur nichts in meinem Sinn.

Das Schicksal irrt schon mal, man muss es korrigieren.

HOCHMÜTIGER

Das Neue unterbricht, die Störung bringt Gewinn.

Wer stur bloß weitermacht, wird bald den Sinn verlieren.

STARRSINNIGER

Du meinst es ernst, mich überrascht, dass du das sagst.

Ich habe stets gedacht, man dürfe dich nicht stören.

HOCHMÜTIGER

Du hast zu viel im Griff, dass du was Neues wagst.

Mich selbst, das stimmt wohl, werden Massen nie betören.

STARRSINNIGER

Ach was, bereits ein enger Kreis macht dich nervös!

Egal wie klein ein Fest, nur kurz wirst du dort bleiben.

HOCHMÜTIGER

So fein gestimmt zu sein, das ist halt strapaziös.

Die Lauten, auch die Groben sind's, die mich vertreiben.

STARRSINNIGER

Das sind für dich die Allermeisten offenbar.

Du tust als wärest du ganz Licht und wir wie Affen.

HOCHMÜTIGER

Die Dummheit herrscht, von vielen Seiten droht Gefahr.

Nicht viele sind so weit wie ich, mir macht's zu schaffen.

STARRSINNIGER

Dann lass dich stören, dir ist Störung doch von Wert!

Du bist kein Porzellan, wirst schon nicht gleich zerbrechen.

HOCHMÜTIGER

Entscheidend wäre, was man durch den Bruch erfährt.

Wer stets sich wappnet, wiederholt nur seine Schwächen.

STARRSINNIGER

Da kennst du dich wohl aus, zu hoch ist das für mich.

Ich lenke gern das Los, du kannst es scheinbar deuten.

HOCHMÜTIGER

Sein Rätsel löst man kaum mit einem Federstrich.

Ein jeder muss sich erst von allem Unsinn häuten.

STARRSINNIGER

Gelänge es, ich wäre unser Schicksalsschmied,

dein Ratschlag würde meine Taten inspirieren.

HOCHMÜTIGER

Verändern will man nur, solange man nicht sieht.

Ein Freund der Weisheit weiß, zu sehn heißt akzeptieren.

STARRSINNIGER

Dann siehst du auch, dass wie es ist, nichts bleibt.

Bestimmen kann man wohl, wohin die Welt sich wandelt.

HOCHMÜTIGER

Doch weißt du selten, welcher Grund dich dazu treibt.

Du fragst dich daher besser, wer es ist, der handelt.

STARRSINNIGER

Wer philosophisch redet, drückt sich vor der Tat.

Du bist dir wohl zu fein dein Leben zu gestalten.

HOCHMÜTIGER

Nun, zwischen Angst und Mut verläuft ein schmaler Grat.

Du willst am Ende bloß die Oberhand behalten.

STARRSINNIGER

Dich fasziniert der Dinge Sinn, du greifst nicht ein.

Ich kann nicht tatenlos mein Leben nur betrachten.

HOCHMÜTIGER

Die Wahrheit ist, ich wünsch' mir mein Gewissen rein.

Doch mir wird klar, ich darf die Täter nicht verachten.

STARRSINNIGER

Dich schmerzt, das seh ich wohl, das grelle Licht der Welt.

Doch mir fällt schwer, ihr steter Wandel zu ertragen.

HOCHMÜTIGER

Dann schau auf das, was nie der Zeit zum Opfer fällt.

Des Geistes Ruhe überdauert alle Fragen.

STARRSINNIGER

So helfe mir zu finden Sinn, der ewig währt!

Ich bin es leid Veränderungen vorzugreifen.

HOCHMÜTIGER

Man sieht, was man nicht hat, bisweilen zu verklärt.

Verwehrt ist dir jedoch dein Schicksal abzustreifen.

STARRSINNIGER

Du meinst, ich solle einfach tun, was mir entspricht

und jedem Muss und Soll auch weiterhin entrinnen?

HOCHMÜTIGER

Zu folgen deinem Weg, zu flüchten nicht ist Pflicht.

Du lebst als Teil und sollst aufs Ganze dich besinnen.

STARRSINNIGER

Verstrickt im Losgeflecht spielt jeder seinen Part.

Wieso soll einer über andre sich erheben?

HOCHMÜTIGER

Weil manche buckeln, jeder irrt auf seine Art.

Du kannst dir selbst zwar, niemals deinen Platz vergeben.

STARRSINNIGER

Das heißt, versteh ich's recht, man kommt sich niemals nah,

denn alle folgen ihrer Bahn wie trübe Sterne.

HOCHMÜTIGER

Du kommst vom Geist, drum wisse: Geist ist immer da!

Was wahr und ewig ist, kennt Trennung nicht noch Ferne.

HOCHMÜTIGER

Du treibst dich an, doch weißt woher nicht, noch wohin,

nur stets bemüht minutenweise Zeit zu sparen.

Du jagst von Ziel zu Ziel, verkennst den tiefren Sinn.

Für mich ist blinde Hektik bloß dein Machtgebaren.

Gefüllt mit Taten ist dein Tag und trotzdem leer.

Du magst zwar etwas Zeit, doch nie Essenz erbeuten.

Im Erdenleben geht es nicht um Schnell und Mehr

Wer höher steht, der weiß, was ihm geschieht, zu deuten.

UNGEDULDIGER

Du stehst, wie ich es seh', zunächst einmal allein.

Mal ehrlich: keiner mag dir wirklich näher kommen.

Dann fängst du an und redest mir von Sinn und Sein.

Dem Leben hast du diese Weisheit nicht entnommen.

Reales Dasein fordert Leistung unentwegt.

Mit hehren Sprüchen wirst du kaum etwas vollbringen,

Wer wenig tut, nur ständig fruchtlos überlegt,

wird nie der Erden harte Wirklichkeit bezwingen.

HOCHMÜTIGER

Was du für wirklich hältst, ist Trug und Schatten bloß.

Die Pläne, die du machst, sie sind nicht mehr als Schemen

und eitel Staub ist deiner stolzen Werke Los.

Die Zeit besiegst du nie, sie wird dir alles nehmen.

Nach vorne preschen magst du mutig und geschickt,

ergreifen Raum, die Zeit durch Straffung überlisten. –

Statt Welt zu lenken, bist du tief in sie verstrickt.

und musst geschäftig deine Herrscherlüge fristen.

UNGEDULDIGER

Erstaunlich, nicht? Du bleibst den Leuten frostig fern,

doch wie sie sind, darüber kannst du klar befinden.

Du blickst auf sie herab von deinem kalten Stern.

Dann wunderst du dich noch, dass alle dir entschwinden?

HOCHMÜTIGER

Zumindest hetze ich nicht alle vor mir her,

erlaub' mir nicht, die Lahmen herrisch anzutreiben.

Wer gerne langsam lebt, dem machst du's Dasein schwer.

Du suchst dem Letzten noch dein Tempo vorzuschreiben.

Erschöpft ist dann ein jeder, ohne Müßiggang,

zu müde um des Himmels Gründe zu erschauen.

So werden alle trübe unter deinem Zwang,

denn keinem bleibt noch Zeit dem Geisteslicht zu trauen.

UNGEDULDIGER

Du missverstehst die Tat als bloß materiell.

Motorik zeigt dir Gottes Willen unumwunden.

So ist, was träge Körper treibt, spirituell.

Bewegte Leiber machen Wahrheit erdgebunden.

HOCHMÜTIGER

Na sieh mal an, du treibst sogar Philosophie!

Und ahnst den Weltengeist in jeder Leibgebärde.

UNGEDULDIGER

Was ich durchlebt, ist mehr als bloße Theorie,

erwuchs es doch mit jedem Schritt aus nackter Erde.

HOCHMÜTIGER

Beseelt mag er wohl sein, der Grund, der dich bewegt,

doch warum musst du immerzu dein Tempo steigern

und rasen wie ein Blitz, der längs des Himmels fegt?

Es scheint, du würdest dich der Ruhe gar verweigern.

UNGEDULDIGER

Genau wie du es meidest Menschen nah zu sein.

Was fürchtest du, was könnte dir dabei passieren?

Du bist dir für die andern doch nicht bloß zu fein.

Nur, suchst du Sinn, musst du die Leute akzeptieren.

HOCHMÜTIGER

Ich kenn' sie wohl und nehm' sie, wie sie nun mal sind.

Ihr Primitives aber kann ich kaum ertragen.

Nicht nur sind sie für Geist und höh're Werte blind,

sie hassen auch noch jene, die sie überragen.

UNGEDULDIGER

Ich weiß, du meinst, dass du als Mensch was Bess'res bist.

Vielleicht bereitet just der Dünkel dir die Schmerzen.

HOCHMÜTIGER

Ach komm, wir wissen beide gut, was Sache ist!

Du brauchst mein lichtes Wesen hier nicht anzuschwärzen.

Mich kränkt nur jeder, der es weder sieht noch ehrt.

So meide ich die andern, still und abgeschieden.

Auch du jedoch hast dich von ihnen abgekehrt

und suchst auf deine Art vergeblich etwas Frieden.

UNGEDULDIGER

Tatsächlich fällt mir auf, wir laufen beide fort.

Wohin, ward festgelegt, es scheint, in jungen Jahren:

Du suchst Asyl im Innern, Schutz am heilen Ort.

Ich muss dort draußen unermüdlich Rennen fahren.

HOCHMÜTIGER

Du glaubst doch nicht im Ernst, wir sind uns darin gleich?

Wer stille Einkehr sucht, ist durchaus sensitiver.

UNGEDULDIGER

Da siehst du mal, dir spielt die Hoffart einen Streich.

Auch ich seh' mich in meiner Flinkheit effektiver.

Als Auserwählte fühlen wir uns stets im Recht, …

HOCHMÜTIGER

… und doch – ich seh' es nun – sind wir dabei verblendet.

Allein zu kämpfen hat uns beide stets geschwächt…

UNGEDULDIGER

… und nur bewirkt, dass unsre Größe kleinlich endet.

Es bleibt uns keine Wahl, wir kehren besser um.

Ich horche jetzt auf die, die Fortschritt mutlos hindern

und du betrachtest keinen mehr als blind und dumm.

HOCHMÜTIGER

Ich glaube fast, das könnte meine Schmerzen lindern.

UNGEDULDIGER

Du kannst es wagen. Glaube mir, ich geh' voran!

Es gilt der eignen Zelle mutig zu entrinnen.

Wir sind, das spürst du doch, ein gutes Machtgespann.

Wenn du die Herzen rührst, kann ich sie leicht gewinnen.

HOCHMÜTIGER

Bedenke wohl, wir machen keinen Beutezug!

Wer führen will, der hilft den Schwachen Mut zu fassen.

UNGEDULDIGER

Und du, vergiss nicht, was dich zu den Menschen trug!

Wer trösten will, der muss sich auch berühren lassen.